リーガル・マインド入門 ［第三版］

西村裕三 ［編］
NISHIMURA Hiromi

有信堂

はしがき

　本書は、長年にわたり法学のテキストとして好評を博した、畑博行編『現代法学入門』（有信堂、2000年）の後継の書として内容を一新し、新しいコンセプトに基づいた法学入門書を目指すものとして企画された。書名に用いた「リーガル・マインド」（legal mind）という語は、ある法律学辞典によれば、経験豊かな法律家が有する理解力、思考力そして感受性を意味するとされている。ここでは、より広い意味で、法的なものの見方、法的思考法を意味するものとして用いている。つまり、「リーガル・マインド」とは、法学を学ぶことで身につけることができる理解力、思考力そして感受性を意味する。

　従来の法学入門書は、主要な法分野について、法制度の概要やその基礎的な法理論を抽象的に説明する形のものが多かったように思われる。ところが、具体的な問題意識を持たない学生諸君にとっては、抽象的な法理論の説明はなかなか理解しづらいものであった。

　大学教員としてこのような共通認識をもった執筆者一同は、現代社会がかかえる多様な問題を選んで、法的な視点からそれらを分析し、解決のための糸口を探るような説明を目指すことによって、学生諸君の問題意識を引き出し、法に対する関心を高めてもらえるようにそれぞれが工夫をこらした。

　本書の構成として、第1章では、いわゆる六法の意味から始め

て、国家の最高法である憲法とその他の法律の違いを説明し、憲法訴訟の意義について考える。第2章では、日本国憲法が採用する制度が歴史の産物であることを理解させるため、アメリカの司法審査制の歴史的発展過程を概観する。そして、第3章以下では、今日の日本社会が直面する様々な法的諸問題の中から、11の問題を選んで、法的な視点から問題を分析し、合理的な解決のための論理的な道筋を示そうと努めた。

　もっとも以上のような執筆者の試みが成功しているかどうかは、読者の批判を謙虚に受け止め、さらに版を重ねることができれば、その折に改めたいと思う。

　本書を大学における教養教育科目としての「法学」関連科目や「日本国憲法」のテキストとして活用していただければ幸いである。

　最後に、本書執筆にあたり暖かい助言をいただいた広島大学名誉教授畑博行先生、本書出版の機会を与えていただいた有信堂高文社社長髙橋明義氏、ならびに企画の段階から校正に至るまで惜しみない協力をいただいた同社編集部の川野祐司氏に厚くお礼を申し上げる次第である。

　平成25年3月

編　者

第二版へのはしがき

　本書の初版が読者の皆さんから好評をいただき、この度、第二版を刊行する運びとなったことは、執筆者一同、望外の喜びである。この間に最高裁判所による重要な違憲判決が次々と出され、それに伴う法改正がなされ、社会の変化に応じた国民の法意識の変化も感じられる。これらのことを反映させるべく改訂を試みたが、時間の制約もあり、全面的な改訂は次の機会に譲りたい。

　本書を通じて読者の皆さんがリーガル・マインドを身につけるための一助になれば幸いである。

　令和元年9月

編　　者

第三版へのはしがき

　本書の第三版では、第二版の刊行以来、この5年間に顕在化した問題として、LGBT に対する社会的差別、同性婚訴訟、SNS 上の表現の自由、AI の使用と著作権・特許権、医療における自己決定権などに関する問題を新たに取り上げて検討している。それらの問題の解決には、時代の変化や国民の価値観の変化を反映させた法解釈を行うことが求められており、そのような要請に応えようとする裁判所の積極的な姿勢が注目されている。

　本書の分担執筆者に共通する恩師である畑　博行先生（広島大学名誉教授、近畿大学名誉学長）が昨秋、亡くなられた。心からご冥福をお祈りしたい。畑先生の学恩に報いるため、本書を先生に捧げたい。

　最後に、厳しい出版事情の中、第三版刊行の機会を与えていただいた有信堂高文社社長、高橋明義氏、ならびに編集作業にあたりいろいろとご協力いただいた同社編集部、市原祐子氏に謝意を表したい。

　　令和6年10月

　　　　　　　　　　　　　　　　　　　　　　　　　編　　者

目　次　　　　　　　　　　v

はしがき

第二版へのはしがき

第三版へのはしがき

第1章　憲法と法律 ……………………………………………… 1
トピック　(1)
1　憲法と法律　(2)

2　憲法訴訟　(4)

在外国民選挙権訴訟（最高裁大法廷判決2005・9・14）

第2章　司法審査制 ……………………………………… 11
トピック　(11)
1　アメリカにおける司法審査制成立の歴史的・思想的背景　(12)

議会に対する不信　　マーベリ対マディソン事件判決（1803年）

連邦制と司法審査

2　人権保障と司法審査　(16)

3　司法審査制と民主主義　(17)

司法消極主義　　司法積極主義

4　司法審査制と権力分立制　(18)

第3章　個人情報とプライバシー ……………… 21
トピック　(21)
1　プライバシーの権利について　(22)

vi

2 住民基本台帳ネットワークをめぐる問題　（25）

　　住基ネット訴訟（大阪高裁判決2006・11・30）

3 住民基本台帳法ならびに戸籍法の改正
　　（2008年5月施行）　（29）

4 マイナンバー制度について　（30）

第4章　民法改正と法の下の平等 ……………………31

トピック　（31）　　考え方　（31）

1 婚姻適齢について男女で2歳の差を設けている民法731条は、合理的な区別といえるのか？　（32）

2 非嫡出子の法定相続分が嫡出子の半分であるのは、不合理な差別ではないのか？　（33）

3 女性にだけ存在する再婚禁止期間の制度は、女性に対する不合理な差別ではないのか？　（36）

4 夫婦別姓制度の導入について　（38）

5 同性婚訴訟　（39）

　　札幌高裁判決2024・3・14

第5章　国歌斉唱行為と思想・良心の自由 …………45

トピック　（45）

1 歴史的沿革　（46）

2 精神的自由の中核　（46）

3 思想・良心の自由の意味　（47）

　　内心の自由の絶対的保障　　沈黙の自由の保障

4 思想・良心の自由の限界　（49）

目　次　vii

5 国旗・国歌訴訟とは何か　（50）

最高裁第 3 小法廷判決2007・2・27　　最高裁第 3 小法廷判決

2011・6・14　　最高裁第 1 小法廷判決2012・1・16

6 国旗・国歌訴訟について考える　（54）

思想・良心の自由に対する間接的な制約　　懲戒処分に対する慎

重な対応　　宮川光治裁判官の反対意見　　まとめ

第6章　ビラ配りと表現の自由 ──────── 61

トピック　（61）

1 ビラ貼りとビラ配り　（62）

ビラ等の配布　　立川反戦ビラ配布事件

2 ビラ等の配布と公務員の政治活動の自由　（65）

堀越事件（最高裁第 2 小法廷判決2012・12・7）　　世田谷事件

（最高裁第 2 小法廷判決2012・12・7）

3 SNS における表現行為　（71）

4 SNS 上の人権侵害と表現の自由をめぐる問題

　（73）

5 フェイク・ニュース（偽・誤情報）と表現の自由

　（74）

第7章　契約の自由と消費者保護 ──────── 77

トピック　（77）　考え方　（77）

1 契約の自由と消費者保護　（78）

契約の自由の原則　　消費者問題の発生

2 公序良俗違反による契約無効　（80）

viii

3　特別法による消費者保護　（82）

クーリング・オフ制度　　製造物責任法

4　消費者契約法による消費者保護　（86）

5　消費者保護の新たな仕組み　（89）

第8章　労働者の権利と労働法 ································ 93

トピック　（93）

1　社会国家と勤労権　（94）

2　日本国憲法27条 1 項の意味　（94）

3　日本国憲法27条 2 項の意味　（95）

4　労働者保護法　（97）

5　労働条件の法定　（97）

法定労働時間・休憩・休日の原則　　最低賃金の原則

6　労働者差別の禁止　（100）

国籍、信条、社会的身分を理由とする差別の禁止　　性別を理由
とする差別の禁止　　雇用形態を理由とする差別の禁止　　年齢
を理由とする差別の禁止

第9章　生存権と生活保護制度 ································ 109

トピック　（109）　考え方　（109）

1　日本国憲法が、自助努力で生活できない人に生存権を保障している意味は？　（110）

2　「健康で文化的な最低限度の生活」とは、誰がどのように、何を基準にして評価するのだろうか？（111）

目次　ix

3 現在の生活保護制度は、どのような仕組みになっているのだろうか？　(113)

4 真夏にクーラーが使えなかったり、僻地（へきち）での生活に必要不可欠な軽自動車を持てないような生活は、「健康で文化的な最低限度の生活」といえるのだろうか？　(115)

5 ところで、生活保護支給額より少ない給料で生活する人が出てきた場合、これをどう理解すればいいのだろうか？　(117)

6 最低生活費に税金を課すことは、生存権の侵害とはいえないだろうか？　(120)

7 これからの少子超高齢社会の社会保障制度は、どのような制度設計になるのだろうか？　(121)

コラム――一院制と二院制のどちらを選びます？　(122)

第10章　死刑制度の法と課題 ⋯⋯⋯⋯⋯⋯⋯⋯⋯⋯⋯ 125

トピック　(125)　**考え方**　(125)

1 犯罪と刑罰の内容は法定化されている　(126)

2 少年法の理念と最近の厳罰化傾向　(128)

3 わが国の死刑制度はどのようなものか　(130)

4 死刑制度は日本国憲法に違反しないのであろうか　(132)

5 死刑判決に関する永山基準とはどのようなものか　(135)

6 死刑制度の今後について考えよう　(137)

コラム　（139）

第11章　外国人の人権 ……………………………………………… 141

トピック　（141）　**考え方**　（141）

1　国民と外国人は、何を基準に区別されるのだろうか？　（142）

2　外国人は「十把一からげ」で扱ってよいのだろうか？　（144）

3　外国人にはどのような権利が保障されるのだろうか？　（145）

4　外国人に保障されない権利とは？　（145）

入国の自由　　社会権　　参政権

5　保障される権利があるといっても、完全に国民と同じというわけではない　（151）

6　人権保障に関する国際法は、外国人の人権を保障しているのだろうか？　（152）

7　祖国を追われ帰る国のない外国人（難民）を受け入れる責務はないのだろうか？　（153）

コラム——再び女帝は現れるだろうか？　（154）

第12章　科学技術と法 ……………………………………………… 157

トピック　（157）

1　発明の保護と利活用の適切なバランス　（158）

特許法の概要　　後発医薬品と特許法　　最高裁判決と特許法69条1項の趣旨

目 次　xi

2　著作物の保護と利活用の適切なバランス　(164)

著作権法の概要　　生成 AI の登場と著作権法　　生成 AI の開発・学習と著作権法　　AI 生成物の生成・利用と著作権法

3　AI と特許法　(171)

知的財産とは人間の創造的活動により生み出されるものを指す⁉　発明者は自然人に限られる⁉　　AI を発明者とした場合に派生する問題

第13章　医療における自己決定権 ……………………… 177

トピック　(177)

1　「エホバの証人輸血拒否事件」判決（最高裁第三小法廷判決2000年2月29日）　(178)

2　「性同一性障害特例法」違憲判決（最高裁大法廷決定2023年10月25日）　(180)

3　旧「優生保護法」違憲判決（最高裁大法廷判決2024年7月3日）　(186)

参考文献　(193)

附録——条文　(195)

第 1 章　憲法と法律

トピック

　「六法全書」という語がある。法学部の学生が小脇に「六法全書」を抱えて授業に出る姿を見かけたことがあるだろう。六法全書とは、主要な法律の条文を集めた本で、その収録されている法律の数に応じて小型のものから大部のものまである。では「六法」とは、いかなる法を指すのだろうか。

　それは、具体的には、憲法、民法、刑法、商法、民事訴訟法、刑事訴訟法を指すが、明治維新を経て日本の近代化を進めるにあたり、欧米諸国の法制度を導入する上で、もっとも重要な6つの法と考えられたものを「六法」と呼んだことに由来する。そこから転じて「六法全書」というのは、「六法」をはじめとして主要な法律を収録した本を意味するようになったといわれる。

1 憲法と法律

　ところで、憲法とそれ以外の5つの法律は区別しなければならない。「憲法」とは、英語で"constitutional law"というが、その意味は国家を形作る法、国家の基本的構造を定める法、という意味である。そして、そのような法を国家の最高法として成文化したものが、憲法典（the Constitution）である。日本国憲法98条は「この憲法は、国の最高法規であって、その条規に反する法律……は、その効力を有しない」と規定している。つまり、憲法は、法律に優越する法であり、憲法に反する法律は無効とされるのである。また、一般に憲法改正の手続を、法律の改正手続よりも難しくすることで、憲法が国家の最高法であることが示される。法律は衆参両院で過半数の賛成を得て改正されるが（日本国憲法59条）、憲法の改正は、各議院の総議員の3分の2以上の賛成を得て国会が改正案を発議し、さらに国民投票において過半数の承認を得なければならない（日本国憲法96条）。それに対して「法律」とは、「国の唯一の立法機関である」国会が制定した法である（日本国憲法41条参照）。また、地方議会が制定する法を「条例」というが、それは「法律の範囲内で」制定されねばならず、法律に違反してはならないのである（日本国憲法94条参照）。したがって、三者の関係は、憲法、法律、そして条例の順で優越性が認められることになる。つまり、憲法に違反する法律や条例は無効とされねばならず、それを決定する権限は裁判所に与えられている（日本国憲法81条参照）。

　次に、六法のうち、5つの法律について説明しよう。まず、民法であるが、その内容は、財産の所有や譲渡に関する財産法の部分と

第1章　憲法と法律　3

家族関係や相続に関する家族法の部分からなる（第4章および第7章参照）。たとえば、民法90条は、契約の自由に対する一般的制限として、「公の秩序又は善良の風俗に反する」（略して、「公序良俗違反」という）契約は無効であると規定する。その意味するところは、社会の秩序を乱す行為や道徳に反する行為を内容とする契約は、たとえ当事者の自由意思に基づく契約であっても法的効力を有しないということである。例を挙げれば、殺人などの犯罪行為を請け負う契約は、無効とされねばならない。なぜなら、犯罪は社会の秩序を乱す行為であって刑罰をもって抑止しなければならないからである。そして、契約が無効であるとは契約に基づく権利を主張できないということであり、殺人者は約束された報酬の支払いを請求できないし、依頼者は殺人が実行されなくても前払いした報酬の一部の返還を請求できないことを意味する。

　刑法とは、いかなる行為が犯罪となるか（これを犯罪の構成要件という）、また、それに対していかなる刑罰が科せられるかについて規定する法律である。たとえば、刑法199条は「人を殺した者は、死刑又は無期若しくは5年以上の懲役に処する」と規定するが、「人を殺す」ことが殺人罪の構成要件である（第10章参照）。

　商法は、商行為に関する基本的ルールを定めるが、契約法に関しては、一般法である民法よりも特別法である商法が優先する。また、会社の設立、組織、運営および管理について定める「会社法」がある。

　民事訴訟法は、民事訴訟の裁判手続を定める法である。民事訴訟とは、個人の権利義務に関する紛争を解決するための裁判である。たとえば、土地の売買契約が成立したが、買主が契約どおりに代金を支払わない場合に、売主（原告）が代金の支払いを求めて買主（被

4

告）を相手に訴えを起こす場合である。

これに対し、刑事訴訟法は、刑事訴訟の裁判手続を定める法である。刑事訴訟とは、犯罪を犯したとされる者（被告人）に刑罰を科すための裁判であり、警察が収集した証拠や証言を検討して検察官が訴えを提起する（起訴）。

以上の六法の他にも、労働法や行政法などの重要な分野の法律がある。労働法は、労働者、すなわち、他人に雇われて賃金や給料をもらって生計を立てる者を保護するための法律から成る。「労働者が人たるに値する生活を営むための最低限の労働条件」について定める労働基準法、日本国憲法28条が保障する労働基本権としての団結権、団体交渉権および争議権を具体化するための労働組合法ならびに労働関係調整法、さらには使用者による解雇権の濫用を禁止し、労働契約の基本的ルールを定めた労働契約法などがある（第8章参照）。

また、行政法は、法律に基づく行政を確保するための法であり、違法または不当な行政権の行使に対して国民が不服を申し立てるための手続を定める行政不服審査法、違法な行政処分の取消しなどを求める訴訟を提起する手続を定める行政事件訴訟法、あるいは公務員の違法な行為によって損害を被ったときに国または公共団体に損害賠償を求めるための国家賠償法をはじめ、多様な行政分野に関わる個別の法律が多数、制定されている。

2　憲法訴訟

「憲法訴訟」とは、訴訟の当事者が憲法に関わる争点を主張して提起される訴訟である。もっとも憲法訴訟に関する独自の訴訟手続

法は存在しないので、民事訴訟、刑事訴訟、あるいは行政訴訟の場で憲法上の争点が主張されていれば、いずれも憲法訴訟と呼ぶことができる。憲法訴訟では、原告は、ある法律の規定や政府機関の行為が憲法に違反すると主張し、裁判所に対し憲法判断（違憲か合憲かの判断）を求めるのである。日本国憲法81条は「最高裁判所は、一切の法律、命令、規則又は処分が憲法に適合するかしないかを決定する権限を有する終審裁判所である」と規定するが、これは、具体的な裁判事件において、裁判所一般が法律等の合憲性を審査する権限を有するアメリカ型の司法審査制を採用したものであると解釈されている。この制度が生まれた歴史的事情については、次章で詳しく述べるので、ここでは、最近の重要な憲法訴訟を1つ取り上げて、その意義を考えてみよう。

在外国民選挙権訴訟（最高裁大法廷判決2005・9・14）

事実の概要　本件上告人らは、外国に住み、日本国内に住所を有していない日本国民（以下では、「在外国民」という。そのような人々は、本件提訴当時で約70万人、現在では130万人を超えている）であるが、彼らに国政選挙における投票を認めていなかった公職選挙法、および、当分の間は比例代表選挙に限って投票を認めていた1998年改正（以下では、本件改正という）の同法は、日本国憲法14条（法の下の平等）、同15条（選挙権の保障）などに違反すると主張し、また、国会は在外国民が国政選挙において選挙権を行使することができるように公職選挙法を改正することを怠ったために、1996年10月に実施された衆議院選挙（以下では、本件選挙という）において上告人らは投票することができず、精神的苦痛を被ったとして1人あたり5万円の損害賠償を請求した。

判決要旨　　憲法は、国民主権の原理に基づき、両議院の議員の選挙において投票をすることによって国の政治に参加することができる権利を国民に対して固有の権利として保障しており、その趣旨を確たるものとするため、国民に対して投票する機会を平等に保障している。

　憲法の以上の趣旨にかんがみれば、自ら選挙の公正を害する行為をした者等の選挙権について一定の制限をすることは別として、国民の選挙権またはその行使を制限することは原則として許されず、国民の選挙権またはその行使を制限するためには、そのような制限をすることがやむをえないと認められる事由がなければならない。

　本件改正前の公職選挙法の下においては、在外国民は、選挙人名簿に登録されず、その結果、投票することができないものとされていた。世界各地に散在する多数の在外国民に選挙権の行使を認めるにあたり、公正な選挙の実施や候補者に関する情報の適正な伝達等に関して解決されるべき問題があったとしても、すでに1984年の時点で、選挙の執行について責任を負う内閣がその解決が可能であることを前提に（国政選挙全般についての在外選挙制度の創設を内容とする）法律案を国会に提出していることを考慮すると、同法律案が廃案となった後、国会が、10年以上の長きにわたって在外選挙制度を何ら創設しないまま放置し、本件選挙において在外国民が投票をすることを認めなかったことについては、やむをえない事由があったとは到底いうことができない。そうすると、本件改正前の公職選挙法が、本件選挙当時、在外国民であった上告人らの投票を全く認めていなかったことは、憲法15条1項および3項、43条1項ならびに44条但書に違反するものであったというべきである。

　はじめて在外選挙制度を設けるにあたり、まず問題の比較的少な

第1章　憲法と法律　7

い比例代表選出議員の選挙についてだけ在外国民の投票を認めることとしたことが、全く理由のないものであったとまでいうことができない。しかしながら、本件改正後に在外選挙が繰り返し実施されてきていること、通信手段が地球規模で目覚ましい発達を遂げていることなどによれば、在外国民に候補者個人に関する情報を適正に伝達することが著しく困難であるとはいえなくなったものというべきである。

遅くとも、本判決言渡し後にはじめて行われる国政選挙の時点においては、衆議院小選挙区選出議員の選挙および参議院選挙区選出議員の選挙について在外国民に投票をすることを認めないことについて、やむをえない事由があるということはできず、在外選挙制度の対象となる選挙を当分の間両議院の比例代表選出議員の選挙に限定する部分は、憲法15条1項および3項、43条1項ならびに44条但書に違反するものといわざるをえない。

在外国民であった上告人らも国政選挙において投票をする機会を与えられることを憲法上保障されていたのであり、この権利行使の機会を確保するためには、在外選挙制度を設けるなどの立法措置をとることが必要不可欠であったにもかかわらず、1984年に在外国民の投票を可能にするための法律案が閣議決定されて国会に提出されたものの、同法律案が廃案となった後本件選挙の実施に至るまで10年以上の長きにわたって何らの立法措置もとられなかったのであるから、このような場合においては、（国会の）過失の存在を否定することはできない。このような立法不作為の結果、上告人らは本件選挙において投票をすることができず、これによる精神的苦痛を被ったものというべきである。したがって、本件においては、上記の違法な立法不作為を理由とする国家賠償請求はこれを認容すべきであ

8

る。

　そこで、上告人らの被った精神的損害の程度について検討すると、本件訴訟において在外国民の選挙権の行使を制限することが違憲であると判断され、それによって、本件選挙において投票をすることができなかったことによって上告人らが被った精神的損害は相当程度回復されるものと考えられることなどの事情を総合勘案すると、損害賠償として各人に対し慰謝料5000円の支払いを命ずるのが相当である。

本判決の意義　　本件では、選挙権という「国民の国政への参加の機会を保障する基本的権利として、議会制民主主義の根幹を成す」重要な人権の制約が争われたが、最高裁は、そのような制限をすることがやむをえないと認められる事由がなければならないとした。そして、世界各地に散在する多数の在外国民に候補者に関する情報の適正な伝達が困難であったとしても、1984年に内閣が提出した在外選挙制度の創設を内容とする法律案が廃案になった後、国会が、10年以上の長きにわたって放置したことは、「やむをえない事由」にあたらないとし、本件改正前の公職選挙法を違憲とした。さらに、当分の間、比例代表選挙にだけ投票を認めた本件改正後の同法についても、在外選挙が繰り返し実施されてきていること、通信手段が地球規模で目覚ましい発達を遂げていることなどにかんがみ、在外国民に候補者個人に関する情報を適正に伝達することが著しく困難であるとはいえなくなったとして、選挙区選挙について在外国民に投票を認めないことについて、「やむをえない事由」があるとはいえないとし、本件改正後の公職選挙法も違憲とした。

　さらに、本判決が、立法不作為、つまり、国会が在外国民の選挙権保障の見地から公職選挙法を適正に改正しなかったことが違法で

第1章 憲法と法律 9

あるとし、国家賠償法に基づく損害賠償請求を認めた点は、画期的な判断である。これまでは、国会が、ある法律を制定または改廃するか否かについては、国会に広い裁量（立法裁量）が認められ、あるいは国会の政治的判断に委ねられている問題であり、選挙において政治的責任が問われることはあっても、例外的な場合（国会があえて憲法に違反することが明らかな法律を制定する場合）を除き、法的な責任が問われることはないと考えられてきた。

　これに対し、本判決は、「立法の内容又は立法不作為が国民に憲法上保障されている権利を違法に侵害するものであることが明白な場合や、国民に憲法上保障されている権利行使の機会を確保するために所要の立法措置をとることが必要不可欠であり、それが明白であるにもかかわらず、国会が正当な理由なく長期にわたってこれを怠る場合」には、例外的に、国会議員の立法行為または立法不作為は、国家賠償法の適用上、違法の評価を受けるとした。本件に即していうならば、いったん提出された改正法案が廃案になった後、本件選挙の実施に至るまで10年以上の長きにわたって何らの立法措置もとられなかったことが、上記の例外的な場合にあたると判断されたのである。

　この判決を受けて、翌年（2006年）、国会は公職選挙法を改正し、在外国民は在外公館を通じて在外選挙人名簿に登録されれば、すべての国政選挙について、在外公館での投票または郵便投票ができるようになった。

　本判決の及ぼした影響力は大きく、まず、成年後見制度を利用して自分の財産の管理を任せるため後見人を選任してもらった人（成年被後見人と呼ぶ）は選挙権を有しないと定めた公職選挙法の規定（同法11条1項1号）について、東京地裁が、選挙権に対する「やむ

をえない」制限であるということはできず、違憲であるとの判決を下した（東京地裁判決2013・3・14）。この判決後、被告国は控訴したが、国会は迅速に対応し、同規定を削除する改正を行った。一審の違憲判決が直ちに法改正につながった稀有な例である。

次に、公職選挙法11条1項2号が「禁錮以上の刑に処せられその執行を終わるまでの者」（以下、受刑者という）に選挙権の行使を認めていないことについて、大阪高裁は、受刑者の選挙権制限について「やむをえない事由」があるとはいえないとして違憲判決を下した（大阪高裁判決2013・9・27）。しかしながら、これまでのところ、受刑者の選挙権を認めるための法改正の動きは見られず、両判決に対する国会の対応は対照的である。

第 2 章　司法審査制

トピック

　「司法審査制」（judicial review system）とは、裁判所が、議会の制定した法律や行政処分の合憲性（憲法適合性）を審査する権限を有する制度をいう。この制度の目的としては、第一に、立法や行政が憲法に違反していないかどうかを裁判所が最終的に審査することで、憲法が国家の最高法規として機能するようにすることである。第二に、憲法の保障する基本的人権を不当に制約する法律や行政処分を裁判所が違憲無効と宣言することで、人権が保障されるようにすることである。憲法81条は「最高裁判所は、一切の法律、……又は処分が憲法に適合するかしないかを決定する権限を有する終審裁判所である」と規定し、それは、アメリカの司法審査制を採用したものと解されている。ところが、アメリカ合衆国憲法のどの規定を見ても、日本国憲法81条のような司法審査についての明示的規定は存在しない。これはいったいどういうことなのだろうか。本章では、司法審査制がアメリカで独自に発展していった歴史的背景を概観する。

1 アメリカにおける司法審査制成立の歴史的・思想的背景

議会に対する不信　　一般に議会は国民の代表機関としてもっとも民主的な機関と考えられる。したがって、議会の制定する法律は国民の多数意思を反映したものと見なされるので、それを裁判官が違憲無効とするような制度は、そもそも議会に対する何らかの不信感がなければ誕生しなかったであろう。

イギリス本国議会に対する不信　　アメリカがいまだイギリスの植民地であった18世紀半ば、イギリス議会はフランスとのいわゆる７年戦争による財政危機に対処するため、アメリカ植民地に課税する法律を次々に制定した。これに対し、アメリカ植民地は「代表なければ課税なし」（No representation, no taxation!）とのスローガンを掲げて、自分たちの代表者がいないイギリス本国議会が自分たちに課税する法律を作るのは許されないと主張した。つまり、課税が人民の代表者の同意に基づいてなされることを求める権利をイギリス憲法に基づくイギリス人としての権利として主張したのである。

独立後の各州議会に対する不信　　イギリスから独立したアメリカは、13の旧植民地が対外的には１つの国家連合体を構成していたので、13の旧植民地を州と呼ぶことにする。そして、各州の議会では小農民や都市労働者などの貧困層を基盤とする勢力が台頭し、借金を抱える貧困層に有利な支払方法やインフレによる債務の軽減を図るため紙幣の発行を認めた法律を制定した。このような法律は、債権者である有産者層にとっては自分たちの財産権を侵害するものであるので有産者層の州議会に対する不信感が高まり、州議会の権限を抑

制し、自分たちの財産を守ってくれるより強力な中央政府として連邦政府の樹立を目指すことになった。

このように独立の前後を通じて、アメリカでは立法部としての議会に対する不信が存在していたといえよう。

マーベリ対マディソン事件判決（1803年）

アメリカの司法審査制は、1803年のマーベリ対マディソン事件判決を先例として判例上、確立したものといわれる。そこで、この事件の背景を見てみよう。前述のように独立後のアメリカでは、財産を持たない人民大衆と有産者層の対立が顕在化し、危機感を抱いた有産者層の代表者たちがフィラデルフィアに集まり、連邦国家を構築するための新しい憲法案を起草することになる。そして、この憲法案の批准をめぐって連邦党（Federalist Party）と共和党（Republican Party）という二大政党が出現した。連邦党は、より中央集権的な連邦政府の確立を目指す新憲法案に賛成の立場であり、他方、共和党は、州の主権を尊重すべきであるとして新憲法案に反対した。ちなみに現在の共和党は、連邦党の流れを汲む政党である。結局、9つの州が新憲法案を批准したため、連邦国家としてのアメリカ合衆国が誕生したのである。そして、独立戦争の英雄であるジョージ・ワシントンが初代大統領となり、最初の12年間は、連邦党が政権を担当した。ところが、1800年の大統領選挙および連邦議会選挙のいずれにおいても連邦党は共和党に敗北し、はじめての政権交代が起きた。連邦党が選挙で敗北した理由は、その外交政策を批判する言論を抑圧したことであった。連邦党は政権交代までの間に1801年の裁判所法を制定し、ジョン・アダムズ大統領は、共和党の支配する政治部門（大統領および議会）に対抗するため、連邦司法部の拡充を図り、55名の連邦党員を裁判

官に任命した。原告のマーベリは、ワシントン D.C. の治安判事に任命されたが、共和党の新大統領トーマス・ジェファーソンの下で国務長官に任命されたジェームズ・マディソンは、マーベリの辞令書の交付を拒否した。そこで、マーベリは、マディソン国務長官に対し辞令書の交付を命じる判決を求めて最高裁に出訴した。このように公務員に対し、その職務に属する具体的行為を命じる判決を求める訴訟を職務執行命令訴訟という。

最高裁判決要旨　マーベリの任命手続は適正に完了しており、彼は辞令書の交付を求める権利を有する。

　それゆえ、その権利を奪うことは既得権の侵害となり、それに対しては国家の法により救済が与えられなければならない。

　しかし、最高裁は本件について管轄権を有しない。なぜなら、原告の訴えが依拠する1789年の裁判所法13条（最高裁に職務執行命令訴訟の第1審管轄権を付与する規定）は、憲法3条2節2項（最高裁の第1審管轄権を外国の外交使節に関する事件と州が当事者である事件に限定している規定）に違反し、無効だからである。

本判決の意義　本判決は、連邦法が連邦憲法に違反するとした最初の最高裁判決であるが、司法審査を正当化する論理については、次のように説明する。①成文憲法は国家の最高法である。②したがって、憲法に反する議会制定法は無効とされなければならない。③両者の矛盾抵触を裁定するのは、法の解釈を任務とする裁判所である。本判決を下した最高裁長官ジョン・マーシャルは、アダムズ大統領の下で国務長官を務めており、マーベリに辞令書を交付すべき立場にあった人物である。連邦党員であるマーシャルは、マーベリを勝たせたかったが、最高裁が辞令書の交付を命じても新国務長官マディソンはその命令を無視すると思われた。そこで、彼は裁判

所法13条を違憲無効とすることで、最高裁判所の権威を共和党の支配する政治部門に対して知らしめようとしたといわれ、本判決はきわめて政治的な動機に基づく判決であるといわれている。じつは、憲法3条2節2項は「最高裁は、連邦議会の定める例外を除いて、……上訴審管轄権を有する」と規定しており、裁判所法13条はまさに「連邦議会の定める例外」にあたり、合憲であると解釈できたのである。ともあれ、この判決を先例としてその後の判例の集積により、裁判所一般が司法審査権を有することが当然のこととして認められるようになっていったのである。

連邦制と司法審査

アメリカ合衆国憲法修正10条は「この憲法によって合衆国に委任されず、かつ州に禁止されなかった権限は、各州それぞれに、または人民に留保される。」と規定する。つまり、連邦制とは、その構成員である各州の主権の一部を中央政府である連邦政府に委任する統治システムであり、連邦政府は憲法によって委任された権限のみを行使することができる。しかし、建国間もないアメリカがイギリス、フランスなどヨーロッパの列強と伍して存続するためには、対外的には単一国家として、つまり連邦国家として結束を保つ必要があったのである。そのため、マーシャル・コート（ジョン・マーシャルが長官を務めた最高裁の時代、1801-35年）は、連邦政府の権限拡大と州主権の抑制を図るため、州法が連邦憲法に違反しないかどうかを積極的に審査した。つまり、司法審査制は、連邦制を維持するために不可欠な制度として発展していったのである。

2 人権保障と司法審査

　アメリカの司法審査制が人権保障のための制度として本格的に機能し始めたのは、ウオーレン・コート（アール・ウオーレンが長官を務めた最高裁の時代、1953-69年）になってからである。

　その代表的な判例としては、ブラウン対トピカ教育委員会事件判決（1954、55年）がある。そこでは、公立学校における人種隔離教育の合憲性が争われた。1950年代までのアメリカ社会には、いわゆる人種隔離制度が存在し、不特定多数の人々が利用する公共的施設はすべて白人専用と黒人専用に分けられていた。最高裁は、それまで「分離すれども平等」の法理（白人と黒人を分離しても、それぞれのための施設を設けていれば、不平等とはいえないとする考え方）を支持していたが、このブラウン判決で初めて州法に基づく公立学校における人種隔離教育を憲法違反（修正14条平等保護条項違反）と断じたのである。同判決の有名な一節は次のように述べている。

　「人種を唯一の理由として、黒人生徒を同年代の白人生徒から隔離することは、黒人生徒の心に彼らの社会的地位についての劣等感をとりかえしのつかない形で植え付けることになる。隔離された教育施設は本来的に不平等なものである。」

　人種差別の問題は、長年にわたり、大統領も議会も、その解決を先延ばしにしてきたため、少数者である黒人にとっては裁判所による救済だけが残された手段であったといえよう。黒人に対する人権保障を求めたいわゆる「公民権運動」の中心的組織である「全米黒人地位向上協会」（NAACP）は、人種差別問題の解決を促す政策喚起の場として裁判を利用する法廷闘争を展開したのである。それに

対して、最高裁は、人種隔離政策の撤廃を命じることで人種差別問題の解決のための政策形成過程において指導的役割を果たしたといえよう。

3 司法審査制と民主主義

前述のように、アメリカで司法審査制が生まれた背景には、もっとも民主的な機関と見なされるべき議会に対する不信感が存在したのである。では、司法審査制は民主的とはいえない制度なのだろうか。

それに対する解答をめぐって2つの立場がある。

司法消極主義 この立場は、民主主義の本質は多数者支配にあると考える。つまり、選挙を通じて表明された国民の多数意思に基づいて政治が行われることが民主主義である。そこでは、議会は国民の代表機関であり、議会の制定する法律は国民多数の意思を反映したものである。そうすると、選挙で選ばれたわけではない裁判官が、選挙によって選ばれた国民の代表者（議員）で構成される議会の制定した法律を違憲無効とすることは、民主的とはいえないのではないかとの疑問が生ずる。したがって、裁判所が法律等を違憲とすることは、その違憲性が明白な場合など例外的な場合に限られるべきで、権力分立制の下での裁判所は、政治部門の判断を最大限に尊重すべきであるとの結論に至る。つまり、司法審査権の行使に自己抑制を求めるのである。

司法積極主義 この立場は、価値観の多様化した現代社会では、価値観を共有する一枚岩のような同質的な多数者などはもはや存在しないと指摘する。そうすると議会は、多

様な利益集団がそれぞれの利益実現を目指し利害の調整を図る場であり、その結果として作られる法律はそのような政治的妥協の産物にすぎないといえよう。そして、現代民主主義の本質は単なる選挙による多数者支配ではなく、少数者に対する多数者による圧政の危険をも考慮に入れて、多数者支配に憲法によって歯止めをかけた「立憲民主主義」である、と捉える。つまり、国民の多数意思を反映する法律が少数者の人権を不当に制約していないかどうかを、政治的に中立な裁判所が憲法に照らして審査することは、代表民主主義の欠陥を補うものとして正当化されうる、と考えるのである。このように、この立場は議会の民主的性格の実態に疑問を投げかけることで、民主主義と司法審査制との間の理論的矛盾を克服しようとするのである。

4　司法審査制と権力分立制

　近代における権力分立制は、絶対君主制の下で国家権力が国王に集中していたことで権力が濫用されて国民の権利・利益が侵害されたことから、権力の集中を排除して権力を分散させる仕組みとして近代憲法における不可欠の制度として発展してきた。イギリスを例にとれば、最初に国王の権力から独立したのは、司法権であり、それを行使する機関として裁判所が設けられた。次いで、立法権が国王から独立し、その担い手として議会が設けられた。そして、残りの権力が行政権として国王の手に最後まで残されたが、立憲君主制の下では国王は君臨すれども統治せずとされ、内閣が行政権を担当することになった。こうして、国家権力を司法、立法、行政に分散し、それぞれ別々の機関が担当する制度ができたのである。しか

し、イギリスの例に見られるように、近代における権力分立制の下では、行政権を抑制することに眼目があり、もっとも民主的機関とされる議会が優越的な地位に立つことになる。その結果、生まれたのが、行政権を担う内閣が議会に対して責任を負う議院内閣制である。つまり、議会において内閣不信任案が可決されれば、内閣は総辞職しなければならない。このように近代においては議会制民主主義が発展していくことになるが、その中で政党が出現し重要な役割を担うことになった。ところが、この政党政治の展開の中から、一党独裁制とでもいうべき現象が生じた。典型的な例は、ドイツのワイマール憲法下におけるナチスの台頭である。ナチスは、議会の立法権を内閣に白紙委任することを可能にした「授権法」を制定し、ヒットラーに権力を集中させて独裁的な政治体制を築いた。その結果、権力が濫用され、ユダヤ人迫害をはじめ重大な人権侵害をもたらしたのである。

　このように議会制民主主義の暴走という側面もあるファシズムの時代を経験した第2次世界大戦後のドイツやイタリアなどの国々では、行政権だけではなく立法権の濫用をも念頭においた、いわゆる抑制均衡型の権力分立制が模索されることになった。その際にモデルとされたのがアメリカの権力分立制である。そこでは、国家権力が立法部、行政部、司法部に分散されるだけではなく、どの1部門も他の2部門に対して圧倒的に優位な地位に立てないように、お互いを抑制し合う権限が与えられ、その結果、3部門の間に均衡が保たれるシステムになっている。たとえば、議会は立法権を行使して、大統領や裁判所の権限を法律により制約することができるが、他方、大統領は立法拒否権を行使して、議会の上下両院で可決された法案といえども廃案に追い込むことができ、裁判所は議会の制定

した法律や大統領の行為を憲法に違反し無効であると宣言すること
ができるのである。このような抑制均衡型の権力分立制の考え方を
前提とすれば、裁判所の有する司法審査権は、立法や行政が憲法に
違反しないようにする歯止めとして正当化されることになろう。

第 3 章　個人情報とプライバシー

トピック

　最近、個人情報という言葉をよく耳にするようになったが、その
きっかけは、2005年4月にいわゆる個人情報保護法が全面施行さ
れたことである。それ以来、われわれは日常的にも「個人情報」と
いう言葉をよく使うようになり、「それは個人情報だからお知らせ
できません。」などといっている。ところで、法律上の「個人情報」
の定義は「特定の個人を識別することができるもの」とされてい
る。そうすると、個人の氏名、住所、電話番号、あるいは E-mail
アドレスに至るまで、すべて個人情報ということになり、それらを
みだりに公開したり、何らかの目的のために利用したりすることは
プライバシーの侵害になり許されない、というふうに考える人が多
い。このように個人情報、すなわちプライバシー情報であると考え
ることは、正しい理解といえるのだろうか。一例を挙げれば、個人
情報保護法が全面施行されて一月も経たない時に、いわゆる JR 宝
塚線の脱線事故が起きて多くの死傷者が出た。その際に多くの病院
や JR 西日本は、当初、被害者の氏名、住所、けがの程度などはす
べて個人情報であることを理由に公表しないという対応を取り、大
混乱が起きた。このような個人情報保護法に対する過剰反応と呼ば
れるような現象にはさまざまなものがある。そこで、個人情報とプ
ライバシーはどう違うのか、あるいは保護すべき個人情報とは何か
について考えてみよう。

1 プライバシーの権利について

　プライバシーの権利が最初に主張されたのは、19世紀末のアメリカであったといわれる。当時のアメリカでは、産業革命による印刷技術の急速な発展に応じて、新聞や雑誌が大量に出版され流通するようになり、ジャーナリズムが発達した。ところが、政治家や芸能人など社会的に著名な人々の私生活上のスキャンダルを好んで取り上げるような新聞・雑誌も現れ、そのような現象（yellow journalism と呼ばれる）に対抗するため、彼らの私生活上の平穏を求めて、「そっとしておいてもらう権利」あるいは「1人にしておいてもらう権利」（a right to be let alone）として「プライバシーの権利」が主張されたのである。

　ところで、プライバシーという概念をどのように定義すべきかについては議論のあるところであるが、ここでは「他人の評価から自由な私的領域」と定義しておこう。それは、他人の評価を受けない、他人の評価の対象とすべきではない私的領域を意味する。そのようなプライバシーという概念は、いわば二層構造になっていて、その中核的部分には、私生活に関する情報（具体的には、もっとも親密な人間関係である家族関係、友人関係、恋愛関係に関する情報など）と、いわゆるセンシティヴ情報（たとえば、個人の思想、宗教、身体的特徴、病歴、出身地など、みだりに公開されると社会的差別を受けるおそれのある情報）が含まれる。そして、そのような情報がみだりに公開されないように求める権利が、すべての人に保障されていると考えられる。

　さらにその周辺部分には、いわゆるインデックス情報（社会生活

第3章　個人情報とプライバシー　23

を営むうえで必要な個人に関する情報)、たとえば、氏名、性別、生年月日、住所、電話番号などが含まれる。そして、そのような情報については、それらが扱われる具体的状況に応じて、公開するか否かについて自ら決定することができる権利（自己情報コントロール権）が個人に保障されていると考えられる。しかしながら、このインデックス情報は、どのような場合に「プライバシー」として保護されるべきかが明確ではなく、ひいてはプライバシーという概念自体の外延（境界）があいまいであり、法的概念としては未成熟であるとの批判を受けることになる。

　そこで、わが国では、「プライバシー」ではなく、「個人情報」（特定の個人を識別することができる情報）という概念を用いて、それを保護するための法律が作られたのである。しかしながら、「個人情報」という概念は、あまりにも包括的で広範な概念であり、特定の個人の識別につながるあらゆる情報を含むことになり、しかもいかなる個人情報が法的保護の対象になるのかを判断するための基準を提示することができないので、現実には、個人情報はすべて公開すべきではないという過剰反応といわれるような混乱を招いている。

　それに対して、「プライバシー」とは、他人による評価の対象とならない私的領域であり、私的でないもの、すなわち、公的な要素が関わることで、その保護される範囲が限定されることになると考えられる。

　そのようなプライバシーという概念の外延（境界）を画する理論として、アメリカの判例上、発展してきたものが「公的利益の理論」と「公的存在の理論」である。

　まず、「公的利益の理論」とは、社会の秩序、公共の利益に直接に関係する事柄は市民の正当な関心事であり、それらに対する公正

な論評は表現の自由（言論の自由）として許されるとする考え方である。個人の名誉（個人の人格に対する社会的評価）やプライバシーの保護という人格権（個人の人格的自律に関わる権利利益をいう）と表現の自由との調整のための理論であり、「公共の利害に関する事実」（刑法230条の2第1項参照）であれば、個人の名誉やプライバシーの保護よりも表現の自由を優先すべき場合があることを認める理論である。たとえば、犯罪行為に関わる事実であれば、犯人はそれを誰にも知られたくないと思うであろうが、犯罪は社会の秩序を乱す行為であり公共の利害に関わる事実であるので、その公表、すなわち、報道の自由が優先すべきと考えられるのである（刑法230条の2第2項参照）。アメリカでは、犯罪に関する事実はプライバシーとして保護されないが、わが国の判例は、犯罪歴をみだりに公表されないことは法的保護に値する利益であるとしつつも（最高裁第3小法廷判決1994・2・8）、プライバシーとして保護されるべきとはしていないことに注意を要する。

　次に「公的存在の理論」とは、個人の公的地位に着目した考え方であり、公務員など公職に就く者の能力や適格性に関する事項は、有権者であり納税者である市民の重大な関心事であり、そのような事実の公表についても、表現の自由が優先されるべきとする理論である。特に、選挙によって選ばれる議員やその立候補者については、その能力や人格に対する評価は有権者である市民の重大な関心事であり、自由な論評が許されるべきである（刑法230条の2第3項参照）。また、芸能人、スポーツ選手、宗教団体の指導者等、社会的に著名な存在である者は、自らを不特定多数の人々の関心の的に置くことで成り立つ職業上のリスクを引き受けたのであり、一般人に比べて、プライバシーとして保護される私生活の範囲は相対的に

狭くならざるをえないと考えられる。たとえば、結婚や離婚に関する事実は、一般人にとっては私生活上の事柄としてプライバシーとして保護されるべき情報であるが、芸能人の結婚や離婚に関する事実は週刊誌等で公表されても、ファンと呼ばれる不特定多数の人々の関心の的となる職業上のリスクとして受忍すべきものと考えられよう。

　以上の理論はいずれも、プライバシーは「他人の評価から自由な私的領域」であるから、何らかの形で公的な要素に関わる場合には、「私的領域」として法的に保護されなくなることを示している。このようにプライバシーという概念には、その本質に由来する理由から、その外延（境界）を画する理論があり、決して「あいまいな」概念ではないのである。

2　住民基本台帳ネットワークをめぐる問題

　住民基本台帳ネットワーク（以下、住基ネットと略する）とは、すべての住民に11けたの住民票コード番号を割り振り、住所、氏名、性別、生年月日の4項目を本人確認のための情報として、住民基本台帳を管理する市町村の枠を越えて国や都道府県の行政事務の処理のためにも利用できるようにするためのネットワーク・システムのことであり、2002年8月に導入された。このシステムと住基カードの発行によって、全国どこの市役所でも住民票の写しの交付を受けることが可能になり、あるいは各種の許認可申請手続において本人確認のための住民票の添付を省略することができるなど、住民サービスの向上と行政の効率化に資することになるといわれた。

　他方で、個人情報をインターネットで利用するうえでのセキュリ

ティに対する不安や住民票コードが悪用されて各行政機関が保有する個人情報のデータベースから特定の個人に関するあらゆる情報が検索利用されることにより、プライバシーが侵害されるおそれがあると懸念され、各地で住基ネットの合憲性を争う訴訟が起こされた。

住基ネット訴訟（大阪高裁判決2006・11・30）

事実の概要　　大阪府下の豊中市はじめ5つの市の住民である原告らは、住基ネットにより、事前に同意を得ることなく原告らの個人情報を流通・提供・利用することは、憲法13条により保障されているプライバシー権としての自己情報コントロール権を侵害するものであり、それにより精神的苦痛を被ったと主張し、5市を被告として損害賠償、住民票コードの削除、本人確認情報の知事への通知の差止め等を求めて提訴した。1審の大阪地裁は請求を棄却した。これに対して、控訴審の大阪高裁は、以下のような判決を下した。

判決要旨　　①自己の私的事柄に関する情報（個人情報）が、自己の知らないうちに、他者によって勝手に収集、利用されるということが行われれば、民主主義社会における自己責任による行動の自由（人格的自律）や私生活上の平穏が脅かされることになる。他方、社会の変化に伴い個人情報の取り扱われ方は変化していく。とりわけ、情報通信技術が急速に進歩し、情報化社会が進展している今日においては、コンピュータによる膨大な量の情報の収集、保存、加工、伝達が可能となり、また、インターネット等によって多数のコンピュータのネットワーク化が可能となり、人は自己の個人情報が他者によってどのように収集、利用等されるかについて予見、認識することがきわめて困難となっている。このような社会においては、プライバシーの権利の保障、それによる人格的自律と私生活上

第3章　個人情報とプライバシー　27

の平穏の確保を実効的なものにするためには、自己のプライバシー
に属する情報の取り扱い方を自分自身で決定するということがきわ
めて重要になってきており、その必要性は社会において広く認識さ
れてきているといえる。今日の社会にあって、自己のプライバシー
情報の取り扱いについて自己決定する利益（自己情報コントロール権）
は、憲法上保障されているプライバシーの権利の重要な一内容と
なっているものと解するのが相当である。

　②住基ネット制度には個人情報保護対策の点で無視できない欠陥
があるといわざるをえず、行政機関において、住民個々人の個人情
報が住民票コードを付されて集積され、それがデータマッチングや
名寄せされ、住民個々人の多くのプライバシー情報が、本人の予期
しない時に予期しない範囲で行政機関に保有され、利用される危険
が相当あるものと認められる。そして、その危険を生じさせている
原因は、主として住基ネット制度自体の欠陥にあるものということ
ができ、そうである以上、上記の危険は、抽象的な域を越えて具体
的な域に達しているものと評価することができ、住民がそのような
事態が生ずる具体的な危険があるとの懸念を抱くことも無理もない
状況が生じているというべきである。したがって、住基ネットは、
その行政目的実現手段として合理性を有しないものといわざるをえ
ず、その運用に同意しない控訴人らに対して住基ネットの運用をす
ることは、その控訴人らの人格的自律を著しく脅かすものであり、
住基ネットの行政目的の正当性やその必要性が認められることを考
慮しても、控訴人らのプライバシー権（自己情報コントロール権）を
著しく侵害するものというべきである。

本判決の意義　判決要旨①では、情報化社会における自己情報コ
ントロール権としてのプライバシー権の意義が説得力をもって説明

されている。さらには、住所、氏名、性別、生年月日等は一般には秘匿の必要性の高くない個人に関する情報にすぎないとしても「その取扱い方によっては、情報主体たる個人の合理的期待に反してその私生活上の自由を脅かす危険を生ずることがあるから、本人確認情報は、いずれもプライバシーに係る情報として、法的保護の対象となり自己情報コントロール権の対象となるというべきである」と述べて、いわゆる早稲田大学江沢民講演会事件判決（最高裁第2小法廷判決2003・9・2）を引用している。

そのうえで、判決要旨②では、住基ネット制度自体の欠陥を指摘して、住基ネットの運用により、住民票コードを使って行政機関の保有する多様な個人情報がデータマッチングや名寄せされて利用される具体的危険があるとの結論を導き出している。具体的には、①改正住民基本台帳法が定める住民票コードの民間利用の禁止や不必要な収集の禁止はその実効性が疑わしい、②同法上「相当な理由があるとき」は、本人の同意がなくとも、保有する個人情報の目的外利用や提供が可能とされていて行政機関の裁量が広すぎる、③住基ネットの運用について中立的な立場から監視する第三者機関が置かれていない、などの点が欠陥として指摘されている。本判決は、金沢地裁判決2005・5・30に次いで住基ネットを違憲としたもので注目を集めたが、その上告審の最高裁第1小法廷判決2008・3・6は「住基ネットによって管理、利用等される本人確認情報は、人が社会生活を営む上で一定の範囲の他者には当然開示されることが予定されている個人識別情報であり、個人の内面に関わるような秘匿性の高い情報とはいえない」点を強調したうえで、「住基ネットにシステム技術上又は法制度上の不備があり、そのために本人確認情報が法令等の根拠に基づかずに又は正当な行政目的の範囲を逸脱して

第三者に開示又は公表される具体的な危険が生じているということもできない」とし、住基ネットを合憲とした。

3 住民基本台帳法ならびに戸籍法の改正 （2008年5月施行）

前述のように個人情報の適切な取り扱いのための基本的ルールを定めた個人情報保護法が2005年4月から全面施行されているが、その一方で従来の法律が個人情報保護の観点から改正されることになった。

まず第一に、住民基本台帳法であるが、従来は不当な目的でなければ「何人でも」住民基本台帳自体を閲覧できることになっていて、就職や結婚に関わる身元調査やダイレクト・メールの送付先を調べることなどに利用されてきたが、今回の改正で、閲覧目的を公益性が高い調査に限定した。さらには、住民票の写しの交付についても従来は不当な目的でなければ「何人でも」請求できたが、「本人又は本人と同一世帯に属する者」「国又は地方公共団体の機関」「自己の権利を行使し、又は自己の義務を履行するために必要がある者」などに限定されることになった。そして、なりすまし請求を阻止するための本人確認をするため、住民基本台帳カードや運転免許証の提示が求められ、不正請求に対しては30万円以下の罰金が科せられることになった。

また、従前は不当な目的でなければ「何人でも」請求できた戸籍謄本・抄本などの請求についても、個人情報保護の見地から、ほぼ同様の規制を設けるため、戸籍法が改正された。住民票であれ戸籍抄本であれ、氏名、住所、生年月日、家族構成などの個人情報がなりすまし請求などにより、いわば垂れ流し状態であったが、ようや

く歯止めが設けられたのである。

4　マイナンバー制度について

　前記の住基ネット訴訟判決は、現行のマイナンバー（個人番号）制度の創設にも大きな影響を与えた。マイナンバーとは、日本に住民票を有するすべての者（外国人も含む）に割り当てられた12桁の番号である。マイナンバーは、社会保障、税、災害対策の３分野で、法令で定められた手続のために、国や地方公共団体、勤務先、金融機関、年金・医療保険者などに提供され、複数の機関に存在する個人情報が同一人の情報であることを確認するために活用される。マイナンバーの提供を受けた者は、関連法令で定められた目的以外にマイナンバーを利用することはできない。また、他人のマイナンバーを不正に入手したり、マイナンバーや個人の秘密が記録された個人情報ファイルを他人に不当に提供したりすると、厳しい罰則が科せられる。さらに、個人情報保護委員会という第三者機関が創設され、マイナンバーが適切に管理されているかどうかについて監視・監督を行っている。最後に、システム運用面での保護措置として、個人情報を一元管理するのではなく、従来どおり、年金の情報は年金事務所、地方税の情報は市区町村といったように分散して管理していること、行政機関の間で情報のやりとりをするときも、マイナンバーを直接使わず、専用の符号を用いるようにしていること、システムにアクセスできる人を制限するとともに、通信の際には暗号化を行っていることなどが指摘できる。こうして、現在のマイナンバー制度では、データマッチングや名寄せがなされる可能性はなくなり、個人情報の保護が図られるようになったのである。

第 4 章　民法改正と法の下の平等

トピック

　近年、法の下の平等の観点から法改正がなされた民法の規定がいくつかある。

　たとえば、婚姻適齢について、男は18歳、女は16歳と２歳の差があるが、これは法の下の平等に反しないのだろうか？　または、親の遺産を相続する際に非嫡出子は嫡出子の半分しか相続できないのは差別ではないのだろうか？　さらには、女性だけが離婚後６か月間は再婚を禁止される制度は、女性を不利に扱っていないだろうか？

考え方

　憲法14条１項は「すべて国民は、法の下に平等であって、人種、信条、性別、社会的身分又は門地により……差別されない」と規定する。この規定の意味については、法律上、すべての国民を同じように扱うことに一切の例外を認めない絶対的平等の考え方ではなく、法律上、国民を異なるように扱ってもそれを正当化する合理的理由があれば許されるとする相対的平等の考え方に立つものと解されている。つまり、憲法14条が禁止するのは、不合理な差別であり、合理的な区別は同条に違反しないのである。そうすると、法律が、ある目的のために国民を異なるように扱っている場合に、それを正当化する合理的根拠があるかどうかを検討しなければならない。

1 婚姻適齢について男女で2歳の差を設けている民法731条は、合理的な区別といえるのか？

民法731条は「男は、18歳に、女は、16歳にならなければ、婚姻をすることができない」と規定する。この規定の立法目的は、未成年者の保護、早婚の防止にあるとされてきた。つまり、結婚とは、精神的にも肉体的にも成熟した大人がすべきことであり、未熟な者が結婚をしてもうまくいかず、すぐに離婚ということになりかねないので、法律上、結婚にふさわしい年齢を定めておくべきだというのである。そして、2歳の年齢差については、いわゆる第2次性徴（思春期における身体的変化）の現れは女性のほうが早いことを根拠に女性のほうが男性よりも早熟であると考えられたのである。

これに対して、最近の有力説は、成熟度は個人差の大きい問題であり、女性が男性より早熟であるというのは一種の固定観念（それが正しいことかどうかを十分に検討することなく、そうであると決めつけてしまう考え方）に基づくものだと批判する。そして、2歳の差は、結婚生活上、妻が夫に経済的に依存することを当然とする、いわゆる「男は仕事、女は家庭」という男女の固定的役割分担論を前提にしていると指摘する。つまり、結婚をするためには、男は妻子を養うだけの収入がなければならず、他方、女は家庭にいて出産、育児、家事を担当することが求められてきたのである。ところが、最近の結婚観についてのアンケートの結果を見ると、もはや「男は仕事、女は家庭」という考え方は少数派であり、必ずしもそのような伝統的結婚観にこだわらない人が増えてきているといえよう。さらには、近年の厳しい経済状況の下では、夫の収入だけでは家族を養う

ことは難しく、妻も働かざるをえないともいえよう。そうすると、もはや2歳の年齢差を伝統的結婚観で説明することは難しく、出産・育児に伴う女性の負担や高校進学率の高さなども考慮すると、それを正当化する合理的根拠は薄弱であるといわざるをえないだろう。そこで、婚姻適齢を男女とも18歳に統一することで法改正がなされ、2022年4月1日から施行されることになった。もっとも、そうすると従前の規定では、婚姻届を受け付けてもらえた男18歳、女16歳のカップルは、2年待たなければ法律上の結婚をすることができず、事実上の結婚、つまり婚姻届を出さずに結婚生活を始めることになりかねず、事実婚（内縁）を増やすことになるおそれがあるだろう。

2 非嫡出子の法定相続分が嫡出子の半分であるのは、不合理な差別ではないのか？

　民法は「婚姻は、戸籍法の定めるところにより届け出ることによって、その効力を生ずる」と定めている（民法739条1項）。婚姻届を出した結婚を「法律婚」と呼び、婚姻届を出していない結婚を「事実婚」と呼ぶ。両者の違いが顕在化するのは、相続制度においてである。相続制度の基本は、「遺言自由の原則」といわれ、自分の財産を誰に残すかは個人の自由であり、遺言によって相続人および相続分を定めることができる（民法902条1項）。これに対して、遺言のない場合に適用されるのが、民法900条の定める法定相続分の制度である。同制度の下では、法律婚に基づく配偶者や子ども（嫡出子）には相続分が認められるが、事実婚に基づく配偶者には相続分はなく、その子ども（非嫡出子）の相続分は、法律婚で生まれ

た子ども（嫡出子）の相続分の半分しかないなど、事実婚に基づく家族は不利に扱われてきた。

　裁判で繰り返し争われてきたのは、「嫡出でない子の相続分は、嫡出である子の相続分の２分の１と」するという規定（旧民法900条４号但書）が、憲法14条にいう「法の下の平等」に反しないかどうかである。

　1995年の最高裁大法廷決定（1995・7・7）では、大法廷を構成する15人の裁判官が10対５で合憲との判決を下している。合憲とした10人の裁判官による多数意見は、法定相続分の規定は遺言による相続分の指定がない場合に補充的に機能する規定である点を強調し、民法900条４号但書は法律婚の尊重と非嫡出子の保護の調整を図ったものであり、合理的な規定であるとした。これに対して、５人の裁判官による反対意見は、出生について何の責任も負わない非嫡出子をそのことを理由に法律上差別することは、法律婚の尊重・保護という立法目的の枠を越えるものであり、法の下の平等に反するとした。さらに反対意見は、当該規定が非嫡出子を不利に扱っていることが事実婚に基づく家族（非嫡出子や内縁の妻）に対する社会的差別を助長する一因になっていると指摘した。

　この問題は、自分をどの立場に置くか（たとえば、正妻の立場か内縁の妻の立場か）で考えが左右されるかもしれない。たとえば、夫の遺産相続で夫に内縁の妻とその子（非嫡出子）がいた場合に、正妻の立場からすると、そのような不倫の関係にある者に１円もやりたくないと思うだろう。他方、内縁の妻からすると、自分自身には相続分が全くないうえに、同じ父親の遺産を相続するのに、その子（非嫡出子）の相続分が嫡出子の半分しかないというのは、納得がいかないだろう。結局、この問題は、不利に扱われる非嫡出子の立場

で考えるべきであろう。そうすれば、両親が法律婚か事実婚かは自分が生まれる前の事情であり、自分ではいかんともしがたい事柄を理由に生まれた後で不利に扱われるのは、不合理な差別であるといわざるをえないだろう。

はたして、前掲の1995年の合憲判決から18年後、最高裁は、全員一致で、次のように判示して、違憲判決を下すに至った（最高裁大法廷決定2013・9・4）。

「昭和22年民法改正時から現在に至るまでの間の社会の動向、我が国における家族形態の多様化やこれに伴う国民の意識の変化、諸外国の立法のすう勢及び我が国が批准した条約の内容とこれに基づき設置された委員会からの指摘、嫡出子と嫡出でない子の区別に関わる法制等の変化、更にはこれまでの当審判例における度重なる問題の指摘等を総合的に考察すれば、家族という共同体の中における個人の尊重がより明確に認識されてきたことは明らかであるといえる。そして、法律婚という制度自体は我が国に定着しているとしても、上記のような認識の変化に伴い、上記制度の下で父母が婚姻関係になかったという、子にとっては自ら選択ないし修正する余地のない事柄を理由としてその子に不利益を及ぼすことは許されず、子を個人として尊重し、その権利を保障すべきであるという考えが確立されてきているものということができる。

以上を総合すれば、遅くとも〔本件〕相続が開始した平成13年7月当時においては、立法府の裁量権を考慮しても、嫡出子と嫡出でない子の法定相続分を区別する合理的な根拠は失われていたというべきである。」

この違憲判決を受けて国会は迅速に対応し、同判決後3か月あまりで当該但書を削除する法改正が行われ、子の法定相続分は平等に

された。

3　女性にだけ存在する再婚禁止期間の制度は、女性に対する不合理な差別ではないのか？

　旧民法733条1項は「女は、前婚の解消又は取消しの日から6箇月を経過した後でなければ、再婚をすることができない」と規定していた。これは、離婚と再婚が引き続いてなされ、妻が妊娠していた場合に、その子の父親を確定することが困難になることを避けるためであり、妊娠するのは女性であるから女性にだけ再婚禁止期間が設けられたのである。

　これに対して、最近の有力説は、この制度は「貞女は二夫にまみえず」（貞淑な妻は夫が亡くなっても安易に再婚など考えず、一生の間、夫の家のために尽くすべきである）というような封建的道徳観に基づいているおそれがあり、婚姻や家族に関する法律は「個人の尊厳と両性の本質的平等に立脚して、制定されなければならない」と規定する憲法24条2項に違反すると指摘する。さらには、民法772条2項（嫡出の推定）の規定を考慮すれば、父性の推定の重複を避けるためには、100日間の再婚禁止期間を設ければ十分であり、必要以上の期間を定めている現行の規定は違憲であるという。つまり、民法772条2項は「婚姻の成立の日から二百日を経過した後又は婚姻の解消若しくは取消しの日から三百日以内に生まれた子は、婚姻中に懐胎したものと推定する」と規定する。この規定を離婚にあてはめれば、離婚後300日以内に生まれた子は前夫（離婚した夫）の子と推定される。

　また、この規定を再婚に当てはめれば、再婚後200日以降に生ま

第4章　民法改正と法の下の平等　37

れた子は、後夫（再婚した夫）の子と推定される。したがって、離婚と再婚を100日間空けてやれば、それぞれの推定が重ならずに、子どもの父親を推定できるというのである。実は、改正法案は、この考えを採用して、再婚禁止期間を100日間に短縮することにしていたが、これで問題は解決したのだろうか。

　再婚禁止期間の制度の不合理な点として、以下の点を指摘しておこう。

　①民法733条2項は、女性が離婚成立以前から妊娠していた場合には、その出産の日から前項の規定（再婚禁止期間）を適用しないとしており、それとの均衡上、離婚成立の時点で妊娠していない女性に適用されるのは、不合理である。妊娠していなければ、再婚しても何ら問題はないはずである。実は、この制度は女性が妊娠しているかどうかをお腹がふくらんでくるまで知りえなかった明治時代に作られたのであり、6か月という期間の根拠もそこにあった。今日では、妊娠の有無は、尿または血液検査で簡単に知ることができる。

　②離婚成立時点のはるか以前に結婚生活は破綻しており、それにより新たな関係が始まっていて再婚に至る場合も多く、そのような場合にも離婚成立時を起算点として6か月間の再婚禁止期間を設けるのは無意味ではないか。そもそも期間を置くことで子どもの父親が明らかになる訳ではなく、現在では、いわゆるDNA鑑定で子どもの父親を遺伝子レベルで確定できる時代である。

　以上のことから、再婚禁止期間の制度はもはや時代錯誤的なものとなっており、女性の再婚の自由を不当に制限する点で法の下の平等に反しており、制度そのものを廃止すべきではないだろうか？

　最高裁は、2015年12月、離婚した女性の再婚を6か月間禁じた民

法733条1項の規定を違憲とする判決を下した（最高裁大法廷判決2015・12・16）。多数意見は、次のように判示した。

「本件規定の立法目的は、父性の推定の重複を回避し、もって父子関係をめぐる紛争の発生を未然に防ぐことにあると解されるところ、民法772条2項の規定を考慮すれば、女性の再婚後に生まれる子については、計算上100日の再婚禁止期間を設けることによって、父性の推定の重複が回避されることになる。これに対し、本件規定のうち100日超過部分については、民法772条の定める父性の推定の重複を回避するために必要な期間ということはできない。同部分は、合理性を欠いた過剰な制約を課すものとなっており、憲法14条1項に違反するとともに、憲法24条2項にも違反する。」

これに対して国会は、再婚禁止期間を100日に短縮したうえで、高齢や避妊手術で妊娠の可能性のない場合など、離婚時に妊娠していないとの医師の証明がある場合には、離婚後100日以内でも再婚を認める形で法改正を行った。

4　夫婦別姓制度の導入について

1996年に法制審議会が答申した「民法改正要綱」には、新たに夫婦別姓制度の導入が盛り込まれていた。民法750条は「夫婦は、婚姻の際に定めるところに従い、夫又は妻の氏を称する」と規定する。

戦前の民法は、夫婦は夫の氏を称するとされていたので、戦後の改正で、夫婦が相談のうえ、いずれかの氏を夫婦の氏として選択できるようになった。ところが、実際には、今日でも結婚するカップルの96％が夫の姓を選んでいる。結婚しても働き続ける女性が多い中、姓を変えることは仕事をするうえでは不便であり、また仕事上

の信用は名前と結びついているので、せっかく築いた仕事上の信用を失うことにもなりかねない。このような女性が被る不利益について、最高裁は、夫婦同氏制では、婚姻によって改氏する者が婚姻前の氏を使用する中で形成してきた個人の社会的な信用、評価、名誉感情等を維持することが困難になる等の不利益を受ける場合があり、夫の氏を選択する夫婦が圧倒的多数を占めている現状からすれば、妻となる女性が上記の不利益を受ける場合が多い状況が生じているものと推認できるとしながら、しかし夫婦同氏制は婚姻前の氏を通称として使用することを許容しており、この通称使用が社会的に広まっているので、上記の不利益は一定程度は緩和されうると結論した（最高裁大法廷判決2015・12・16）。そこで、結婚しても働き続ける女性からの要望を受けて、結婚しても姓を変えなくてもいいように選択的夫婦別姓制度を導入するため、民法750条の改正が提案されている。つまり、夫婦は婚姻の際、同姓を名乗るか、別姓のままでいくかの選択をすることになる。また、別姓夫婦の場合、子どもの姓については、どちらかの姓に統一することになっている。ところが、この選択的別姓制度の導入に対しては、当時の与党であった自民党内部で反対論が強く、そのせいで法案の国会への提出が見送られてきたという事情がある。反対論は、児童虐待や配偶者暴力などに見られるように現代は家庭崩壊の危機にあり、そのような時に夫婦が別姓でいいとなるとますます家庭崩壊が進むおそれがあるというが、あまり根拠のない感情的な議論のように思われる。

5　同性婚訴訟

　同性の者同士の婚姻を認めていない民法および戸籍法の規定は、

憲法13条、14条1項および24条に違反し、国が必要な立法措置を講じていないことは、国家賠償法上違法であると主張し、原告1人当たり100万円の慰謝料を請求する訴訟が6件起こされている。これまでに出された9つの判決のうち、違憲としたもの5件、違憲状態にあるとしたもの3件、合憲としたもの1件であるが、以下では最初の控訴審判決として札幌高裁違憲判決を取り上げる。

札幌高裁判決2024・3・14

判決要旨　【憲法13条（幸福追求権）に違反するか】　性的指向は、生来備わる性向であり、社会的には異性愛者と同性愛者それぞれの取り扱いを変える本質的な理由がない。人が個人として尊重される基礎であり、人格権の一内容を構成しうるものである。

　しかし、性的指向や同性間の婚姻の自由にかかる人格権の内容は憲法上、一義的にとらえられるべきものではなく、法制度との関係で初めて具体的にとらえられる。

　憲法24条は文言上、異性間の婚姻を定める。これに基づいて定められた各種の法令、社会の状況などを踏まえて検討すると、憲法13条が人格権として性的指向または同性婚の自由を保障しているとはただちに言えない。本件規定が憲法13条に違反すると認めることはできない。

　もっとも、性的指向および同性間の婚姻の自由は重要な法的利益として、憲法24条における立法裁量の検討にあたって考慮すべき事項である。

　【憲法24条（婚姻の自由や両性の本質的平等）に違反するか】　憲法24条1項は文言上、両性間の婚姻を定めている。旧憲法下の家制度の制約を改め、個人の尊重がより明確に認識されるようになったと

の背景のもとで解釈することが相当である。1項は、婚姻について当事者間の自由かつ平等な意思決定に委ねられるべきだという趣旨を明らかにしている。2項は、婚姻及び家族に関する事項の立法にあたり、個人の尊厳と両性の本質的平等に立脚すべきだと定める。

性的指向および同性間の婚姻の自由は、個人の尊重およびこれにかかる重要な法的利益である。1項は、人と人との間の自由な結びつきとしての婚姻をも定める趣旨を含むもので、異性間の婚姻のみならず、同性間の婚姻についても、異性間の場合と同じ程度に保障していると考えるのが相当である。

同性愛者は、婚姻による社会生活上の制度の保障を受けられていない。不利益の程度が著しいだけでなく、アイデンティティーの喪失感を抱いたり、自身の存在意義を感じられなくなったりするなど、個人の尊厳をなす人格が損なわれる事態となっている。

他方、同性婚を定めた場合の不利益、弊害の発生はうかがえない。同性婚を可能とする国は多く、国連自由権規約人権委員会は、同性婚を享受できるよう指摘している。国民への調査でも同性婚を容認する割合はほぼ半数を超える。パートナーシップ制度は自治体の制度という制約があり、同性婚ができないことによる不利益が解消されているということはできない。

本件規定は、少なくとも現時点では国会の立法裁量の範囲を超え、24条に違反する。

【憲法14条1項(法の下の平等)に違反するか】 問われるのは、本件規定が同性婚を定めていないため、異性愛者は異性と婚姻することができるのに、同性愛者は同性と婚姻ができないという婚姻制度での区別が、合理的理由のない差別的取り扱いに当たるか否かである。

同性愛者は、異性愛者の場合に異性との婚姻によって享受できる様々な制度が適用されない、という著しい不利益を様々な場面で受けている。

国会の立法裁量を考慮しても、本件規定が異性愛者には婚姻を定めているのに、同性愛者には婚姻を許していないことは、現時点では合理的な根拠を欠く差別的取り扱いであり、14条1項に違反する。

【国会の立法不作為にあたるか】　国会には立法の裁量があるが、同性婚を許さない本件規定について、国会の議論や司法手続で憲法違反が明白になっていたとはいえない。立法のあり方には多種多様な方法が考えられ、設けるべき制度の内容が一義的に明確であるとはいい難い。同性婚に対する法的保護に否定的な意見や価値観を持つ国民も存在し、議論を経る必要がある。

国会が正当な理由なく、長期にわたって本件規定の改廃などの立法措置を怠っていたとは評価できない。国家賠償法上、違法とは認められない。

【付言】　同性間の婚姻を定めることは、国民に意見や評価の統一を求めることを意味しない。根源的には個人の尊厳に関わる事柄であり、個人を尊重するということである。同性愛者は日々の社会生活で不利益を受け、自身の存在の喪失感に直面しているのだから、その対策を急いで講じる必要がある。喫緊の課題として、同性婚につき、異性婚と同じ婚姻制度を適用することを含め、早急に真摯な議論と対応をすることが望まれる。

判決の意義　一連の訴訟の中での最初の控訴審判決であり、憲法24条違反としたのも初めての判断である。24条1項は、「人と人との間の自由な結びつきとしての婚姻をも定める趣旨を含むもので、異性間の婚姻のみならず、同性間の婚姻についても、異性間の場合

と同じ程度に保障している」との解釈がとられた。さらに、「国会の立法裁量を考慮しても、本件規定が異性愛者には婚姻を定めているのに、同性愛者には婚姻を許していないことは、現時点では合理的な根拠を欠く差別的取り扱いであり、14条1項に違反する」としたが、同性婚を許さない本件規定について、国会の議論や司法手続で憲法違反が明白になっていたとはいえない。国会が正当な理由なく、長期にわたって本件規定の改廃などの立法措置を怠っていたとは評価できない、として損害賠償請求は棄却した。そして、判決の最後に異例の付言を付けて「同性間の婚姻を定めることは、国民に意見や評価の統一を求めることを意味しない。根源的には個人の尊厳に関わる事柄で」あると指摘して、同性婚の導入を喫緊の課題として対応するよう国会に求めている。

　トランスジェンダーの経済産業省職員が職場でのトイレ使用を不当に制限されたと訴えた訴訟で原告の主張を認めた判決（最三小判2023・7・11）、犯罪被害者給付金の支給について、被害者と同性のパートナーも給付金の対象となるとした判決（最三小判2024・3・26）、さらには、戸籍上の性別変更のために性同一性障害者に生殖不能手術を課すことを違憲とした最高裁大法廷判決（最大判2023・10・25）など、LGBT（性的少数者）の権利救済に最高裁は積極的姿勢を見せている。この流れから推測される次の最高裁違憲判決は、おそらく同性婚訴訟に関するものであろう。

第 5 章　国歌斉唱行為と思想・良心の自由

トピック

　学校現場では、入学式や卒業式等の学校行事において、国旗掲揚や国歌斉唱が一般的に行われる。学校以外でも、私たちは、これらの行事を何度も経験する。多くの人は、「日章旗」（日の丸）が日本の国旗で、「君が代」が日本の国歌であることに何の違和感もなく、粛々と恒例の行事に参加するだろう。このような「多数者」からすれば、公立学校の先生たちが、国旗掲揚の際に起立しない、国歌斉唱の際に歌わない、音楽の先生が君が代のピアノ伴奏を拒否したという報道を見聞きすると、理解に苦しむかもしれない。

　ところで、比較的最近まで、日本の国旗が日の丸で、国歌が君が代であるということについて、法律上の根拠は存在しなかった。1999年8月9日に国旗・国歌法が成立し、「国旗は、日章旗とする」（1条1項）こと、「国歌は、君が代とする」（2条1項）ことが、明確に規定された。国旗・国歌法は、基本的にこのことだけを規定し、後は「別記」で日の丸の図柄の白地と赤丸のサイズ比や、君が代の歌詞と五線譜を記載しているだけである。国民はもちろん、公務員に対しても、日の丸への敬礼や君が代の斉唱を義務づけているわけではない。国会審議の過程においても、国民に何らかの強制を行うことを目的としない旨が、政府によって説明されていた。

　そうすると、国旗掲揚や国歌斉唱に関して、私たちがその参加を強制される理由はないはずだが、その一方で、公立学校の教師等の公務員は、仕事中は私情を捨てて、学校行事に参加するべきだとも考えられるかもしれない。しかし、教師も国民である以上、「思想及び良心の自由は、これを侵してはならない」とする憲法19条の保障が及ぶのではないか。彼らが自身の良心に従って、国旗掲揚や国歌斉唱に対して「拒否姿勢」をとることは、許されないことなのだろうか。

1 歴史的沿革

　思想・良心の自由は、近代人権宣言の中核をなす人権の1つである。とりわけ、良心の自由は、欧米諸国において、信教の自由と不可分なものとして、主張されてきた経緯がある。1776年のヴァージニア権利章典は「すべての人は良心の命ずるところにしたがって、自由に宗教を信仰する平等の権利を有する」（16条）と定めた。1789年のフランス人権宣言においては、「何人も、その意見の表明が法律によって定められた公の秩序を乱さない限り、たとえ宗教上のものであっても、その意見について不安を持たないようにされなければならない」（10条）、「思想および意見の自由な伝達は、人の最も貴重な権利である」（11条）と規定された。また、ドイツにおいても、1919年のワイマール憲法で「信仰および良心の完全な自由」（135条）が保障された。

　以上のとおり、思想・良心の自由は、信教の自由や表現の自由と密接不可分のものとして扱われてきた。

2 精神的自由の中核

　思想・良心の自由は、歴史的に見て、信教の自由や表現の自由と深い関わりを持ち、いわゆる精神的自由の基礎をなすものである。自分の思想・良心等が外部に向かって表明されるとき、それは表現の自由の問題となる。また、自分の思想・良心が、ある宗教と結びつけば、それは信教の自由の問題となる。したがって、信教の自由や表現の自由を手厚く保障するためには、それと密接不可分の関係

にある思想・良心の自由が保障されなければならない。

　では、なぜ日本国憲法は「信教の自由」（20条）や「表現の自由」（21条）とは別に、「思想・良心の自由」（19条）を独自の条文で保障するのか。1945年7月26日に署名されたポツダム宣言の中には、「言論、宗教及思想ノ自由並ニ基本的人権ノ尊重ハ確立セラレルベシ」（10項）とする条項が存在していた。この規定や欧米諸国の例からわかるように、精神的自由は一体的に理解されるのが普通である。思想・良心の自由を、他の精神的自由と切り離して保障する例は、あまり多くない。

　このような規定が設けられた背景には、明治憲法下における、治安維持法の運用に見られるように、政府が人々の内心における思想そのものまでも統制しようとした苦い経験が存在するものと考えられる。当時の日本においては、天皇が政治的世界のみならず、精神的・道徳的世界においても、絶対的権威であるとされ、人々の内心に対しても強烈な影響を及ぼしていた。日本国憲法19条の眼目は、このような天皇の精神的・道徳的権威を否定し、国民の思想・良心を解放するところにあったと考えられる。

3　思想・良心の自由の意味

　日本国憲法19条が保障する「思想」と「良心」の意味について、通説・判例は、両者を厳密に区別することなく、一括してとらえている。欧米諸国では、良心の自由とは一般に信仰の自由を意味するが、日本国憲法は別途20条で信教の自由を保障している。したがって、19条の良心の自由を信仰に結びつけて特に狭く解する必要はない。

思想・良心の一応の区別としては、倫理的な性格を有する問題についての考え方が「良心」であり、それ以外の問題についての考え方が「思想」であるということが可能かもしれない。しかし、19条で両者が全く同じに扱われている以上、強いて両者を区別する必要はないと考えられている。思想・良心とは、世界観、人生観、主義、主張等、個人の人格と密接不可分な内面的な精神作用を広く含むと解される。

このような思想・良心について、国民は自由であり、国家はそれを決して侵してはならない、というのが19条の規定するところであるが、この「自由」の保障には、少なくとも次の2つの意味が含まれている。

内心の自由の絶対的保障　人々がいかなる国家観、世界観、人生観を持ったとしても、それが内心の領域にとどまる限りは、絶対的に自由である。その思想が表現を通じて外部に表明されるわけではなく、あくまで内心にとどまる限りは、他者の利益と衝突することはなく、また社会の秩序を乱す可能性もありえない。いわゆる「他者加害」の問題が発生しない以上、内心の自由を規制する正当な根拠はないのである。

国家権力が人々の内心に立ち入るべきではないということは、近代民主主義国家の基本原則である。したがって、たとえその民主主義を否定する思想であったとしても、内心の領域にとどまっている限りは、それを制約・禁止することはできない。19条の思想・良心の自由は、内心の自由として、憲法上もっとも強い保障を受けるのであって、絶対的自由であると解されている。

沈黙の自由の保障　思想・良心の自由には、国民がいかなる思想を抱いているかについて、国家が表明

第5章　国歌斉唱行為と思想・良心の自由　　49

（disclosure）を強制することは許されないという意味で、「沈黙の自由」も含まれる。したがって、国家が思想調査の目的でアンケートへの回答を強制する等、人々の内心を推知しようとする行為は許されない。

　では、思想・良心そのものではなく、たとえば、団体加入や学生運動参加の「事実」の有無の開示を求めることは、沈黙の自由の観点からして、許されるのであろうか。この点について、学説は、人の思想・良心とその者の外部的行為との間には密接な関係が認められることから、特定の思想団体への所属とか、学生運動の経歴等の申告を強制することは、思想内容の告白を強制するに等しく、沈黙の自由の侵害にあたり、許されないと解している。他方、必ずしも思想・良心と関連しない単なる知識や事実の開示を求めることについては、原則として、思想・良心の自由の侵害とはならない。たとえば、裁判において、証人に対して自己の知っている事実について証言義務を課したとしても、それは思想・良心の自由（沈黙の自由）の侵害とは考えられない。

4　思想・良心の自由の限界

　以上のとおり、思想・良心の自由は、精神的自由の中核として、憲法上手厚い保障が及んでいる。しかし、思想・良心の自由が、内心の自由として、絶対的に保障されるとしても、人は行動する生き物である。その行為の基礎には、当人の思想・良心が存在し、両者は密接な関係にある。その行為が制約されたり、あるいは逆に意に反する行為が強制されたりすると、必然的に、当人の内心つまり思想・良心も影響を受けることになる。その意味で、思想・良心も絶

対的に自由とはいえず、外部的行為の規制を通じて、間接的に制約を受けざるをえないのである。

　また、当然のこととして、人は社会生活を営んでいくうえで、さまざまな義務を負うが、それが自己の思想・良心に反するからといって、常に拒否しうるとすれば、社会生活が成り立たなくなるおそれがある。そのような拒否行為（外部的行為）が、他者の利益を大きく損なうこともありうる。しかし、すでに述べてきたとおり、人の内心とその外部的行為とが密接な関係にある以上、この事実を無視して、外部的行為を容易に規制しうるとすることも相当ではない。

　したがって、問題は、思想・良心の自由に照らして、外部的行為の規制がどこまで許されるのか、という点が重要となる。以下では、思想・良心に反する外部的行為の強制（規制）の問題として、国旗・国歌に関わる事件について検討する。

5　国旗・国歌訴訟とは何か

　1999年に制定された国旗・国歌法については、国会での審議の過程で国民に何らかの強制を行うことを目的とするものではない旨が、政府によって繰り返し説明された。ところが、実際には、教育委員会の通達によって、公立学校における「国旗掲揚・国歌斉唱」の徹底が現場の各校校長に命じられていた。そうすると、日の丸や君が代を戦前の天皇制絶対主義と軍国主義のシンボルと考え、これらを否定する生徒や教師の思想・良心の自由を侵害しないかが問題となる。この点、国旗を掲揚して、生徒やその保護者に対して国歌斉唱を強制すれば、彼らの思想・良心の自由の侵害につながると解

される。問題は公立学校の教師にそれを強制することが許されるか
である。この問題が争われた裁判は、一般に「国旗・国歌訴訟」（日
の丸・君が代訴訟）等と呼ばれ、数多く存在するが、ここでは近年の
代表的な３つの最高裁判決を簡単に紹介する。

最高裁第３小法廷判決2007・2・27

いわゆる「君が代ピアノ
伴奏拒否事件」として知
られるこの事件は、市立Ａ小学校の入学式の国歌斉唱に際して、
ピアノ伴奏をするよう校長から職務命令を受けた音楽教師Ｘが、
君が代は自らの歴史観や世界観に反するとして、同命令に従わずピ
アノ伴奏をしなかったために、戒告処分を受けたという事案であ
る。教師Ｘは、日本国憲法が保障する思想・良心の自由を根拠に、
当該処分の取り消しを求めて、提訴した。

判決要旨　教師Ｘのピアノ伴奏拒否は、君が代が過去の日本にお
いて果たしてきた役割に関する自己の歴史観・世界観に基づく選択
であった。しかし、このような歴史観・世界観が、ピアノ伴奏拒否
と不可分に結びつくものということはできない。本件職務命令が直
ちにＸの歴史観・世界観それ自体を否定するものとは認められない。

　国歌斉唱は公立小学校における儀式的行事として広く行われ、Ａ
小学校でも従前から入学式において行われていた。本件職務命令
は、ピアノ伴奏を命じるにあたって、Ｘに対して、特定の思想を強
制したり、あるいは禁止したりするものではなく、特定の思想の有
無について告白を強制するものでもなく、児童に対して一方的な思
想や理念を教え込むことを強制するものと見ることもできない。

　公務員の地位の特殊性および職務の公共性にかんがみ、地方公務
員法30条は、地方公務員は、全体の奉仕者として公共の利益のため
に勤務し、かつ、職務の遂行にあたっては全力を挙げてこれに専念

しなければならない旨規定する。また同法32条は、地方公務員がその職務を遂行するにあたって、法令等に従い、かつ上司の職務上の命令に忠実に従わなければならない旨規定している。

以上の諸点にかんがみると、本件職務命令は、Xの思想・良心の自由を侵害するものとして日本国憲法19条に反するとはいえない。

最高裁第3小法廷判決2011・6・14 東京都内の市立中学校の教師であったXらは、卒業式や入学式における「君が代」斉唱の際に起立斉唱を命じる校長の職務命令に従わず、国歌斉唱の際に起立しなかったところ、都教育委員会から戒告処分を受けた。そこでXらは、起立斉唱を命じる職務命令は、日本国憲法が保障する思想・良心の自由を侵害するものであるとして、戒告処分の取り消しを求めて、提訴した。

判決要旨 本件起立斉唱行為は、一般的、客観的に見て、式典における慣例上の儀礼的な所作として外部から認識されるものである。起立斉唱行為それ自体が特定の思想の表明として外部から認識されるものと評価することは困難である。したがって、本件職務命令は、Xらに対して、特定の思想を持つことを強制したり、これに反する思想を持つことを禁止したりするものではなく、特定の思想の有無について告白することを強要するものともいえない。

もっとも、本件起立斉唱行為は、教員の日常担当する教科等や日常従事する事務の内容それ自体には含まれないものであって、一般的、客観的に見ても、国旗・国歌に対する敬意の表明の要素を含む行為であり、そのように外部から認識されるものでもある。

そうすると、自らの歴史観ないし世界観との関係で否定的な評価の対象となる「日の丸」や「君が代」に対して敬意を表明することには応じがたいと考える者にとっては、個人の歴史観ないし世界観

に由来する行動（敬意の表明の拒否）とは異なる外部的行動（敬意の表明の要素を含む行為）を求められることになるため、本件職務命令は、その者の思想・良心の自由に対して間接的な制約となる。

　しかし、本件職務命令は、中学校教育の目標や卒業式等の儀式的行事の意義、あり方等を定めた関係法令の諸規定の趣旨に沿って、地方公務員の地位の性質およびその職務の公共性を踏まえて、生徒等への配慮も含め、教育上の行事にふさわしい秩序の確保と当該式典の円滑な進行を図るものであるため、日本国憲法19条に違反しない。

最高裁第 1 小法廷判決2012・1・16

本件も「君が代」の起立斉唱を命じる職務命令に関する事件であるが、ここでは主として各懲戒処分の相当性が争点となった。本件は、校長の職務命令に従わなかったことから、懲戒処分として①停職処分を受けた 2 名の教員（X_1、X_2）、②減給処分を受けた教員（X_3）、③戒告処分を受けた教職員ら（X_4以下）が、それぞれ処分の取り消しと損害賠償を求めた、合計 3 つの事件から構成されている。教職員側はいずれも、本件職務命令は日本国憲法が保障する思想・良心の自由を侵害するとして、提訴したものである。

判決要旨　　本件職務命令は、過去の最高裁判決から明らかなとおり、日本国憲法19条の思想・良心の自由を侵害するものではない。不起立行為は、職務命令違反であり、式典の秩序や雰囲気を一定程度損ない、生徒への影響も否定しがたい。したがって、学校の規律や秩序保持の見地から重きに失しない範囲で懲戒処分を科すことは、懲戒権者の裁量の範囲内と解される。

　しかし、直接的な不利益をもたらす減給以上の処分をするには慎

重な考慮が必要となる。過去の処分歴や不起立前後の態度等を勘案して、秩序保持の必要性と処分による不利益の内容との均衡の観点から、当該処分を選択することの相当性を基礎づける具体的事情が認められる必要がある。

①**停職処分の相当性**　　停職３か月となったX_1には、国旗掲揚を妨害したり、校長を批判する文書を生徒に配布する等の「積極的な妨害行為」による処分を含めて、計５回の処分歴があった。よって、X_1に対する停職処分は違法とはいえない。

　他方、停職１か月となったX_2の過去の処分には、積極的に式の進行を妨害する内容の違反は含まれていない。過去に不起立行為で３回の処分歴があったにすぎず、特に処分を加重する根拠が見出せない。したがって、X_2に対する停職処分は裁量権の範囲を超える違法なものと評価せざるをえない。

②**減給処分の相当性**　　減給処分となったX_3の過去の処分歴は、積極的な妨害行為に起因するものではなく、１回に限られていることから、減給処分は重すぎる。

③**戒告処分の相当性**　　過去に処分歴のないX_4らに対して、職務命令違反を理由に、もっとも軽い戒告処分を科したことについて、裁量権の逸脱・乱用にあたるとは解しがたい。

6　国旗・国歌訴訟について考える

　以上のとおり、起立斉唱命令は、公立学校の教師の「思想・良心の自由」を侵害するものではなく、日本国憲法19条に違反しない、というのが最高裁の基本的な立場である。しかし、その一方で、①職務命令は思想・良心の自由に対する「間接的な制約」であること

から、必要性・合理性がなければ許されないこと、②懲戒処分を科す場合には慎重な考慮が必要であること、を示した点は注目される。

思想・良心の自由に対する間接的な制約　2007年のピアノ伴奏拒否事件で最高裁は、「伴奏命令は日本国憲法19条に違反しない」と結論づけたが、この判決については、音楽教師の思想・良心の自由への制約自体がないと判断したのか、制約はあるがそれは正当化されると判断したのか、判然としなかった。

　しかし、2011年の起立斉唱命令に関する事件で最高裁は、職務命令の内容によっては「間接的な制約」が生じることを明確に認めた。そのうえで、「間接的な制約が許されるか否かは、職務命令の目的及び内容並びに上記の制限を介して生ずる制約の態様等を総合的に較量して、当該職務命令に上記の制約を許容しうる程度の必要性及び合理性が認められるか否かという観点から判断する」という判断基準を設定した。この基準に沿って検討が行われ、①国旗・国歌の取り扱いは学習指導要領に明記されていること、②原告らは地方公務員として職務命令に従わなければならないこと、③本件職務命令は教育上の行事にふさわしい秩序を確保し、式典の円滑な進行を図るためのものであったことから、職務命令の必要性・合理性が認められ、本件での思想・良心の自由に対する間接的な制約は許されると判断した。

　2011年の最高裁判決は、起立斉唱命令が思想・良心の自由に対する間接的な制約となることを認め、どのような場合に制約が許されるかについて一定の判断基準を提示したという点で、2007年の最高裁判決（ピアノ伴奏拒否事件）よりも理論的に進化したと考えられる。しかし、思想・良心の自由の重要性や、それに対する制約がも

たらす重大性を考えれば、職務命令の必要性・合理性については、より慎重な検討が望まれよう。

懲戒処分に対する慎重な対応　2011年の春から夏にかけて、国旗・国歌訴訟の最高裁判決が立て続けに出された（第2小法廷判決2011・5・30、第1小法廷判決2011・6・6、第3小法廷判決2011・6・14、第3小法廷判決2011・6・21、第2小法廷判決2011・7・4、第1小法廷判決2011・7・14）。多数意見はいずれもほぼ同一の内容であり、これら一連の最高裁判決によって職務命令の合憲性が認められた。もっとも、各判決には、職務命令が教育現場に悪影響を及ぼしかねないことを懸念する補足意見や、一貫して日本国憲法19条違反を指摘する反対意見が付されている点は注意を要する。しかし、とりあえずは2011年の一連の最高裁判決により、国歌斉唱を命じる職務命令は19条に反しないという理解が判例上定着したかのように見える。以後の国旗・国歌訴訟の中心的な争点は、職務命令違反に対する不利益措置（懲戒処分）についての裁量審査へと移っていくことになる。

　この点、2012年1月16日の最高裁判決が、職務命令違反の教師に対する停職・減給処分を、裁量権の逸脱を理由に一部取り消す判決を示した点は注目される。懲戒処分は、処分内容が軽い順に、戒告・減給・停職・免職とある（地方公務員法29条1項）。最高裁は、このうち、減給以上の重い処分を科すには、事案の性質等を踏まえた「慎重な考慮」が必要であると判示した。つまり、教職員の過去の処分歴や不起立前後の態度等を勘案しつつ、学校の規律や秩序を維持する必要性と、処分によってもたらされる教職員の不利益とを比較し、当該処分を選択しなければならないほどの「具体的事情」が存在しない限りは、減給以上の懲戒処分を科すことは許されないと

判断したのである。そして、国旗の引き下ろし等の明白な妨害行為で懲戒歴がある教師への停職処分は相当としたものの、過去1、2年の間に数回の戒告処分を受けた程度で、停職や減給処分を科すことは裁量権の乱用にあたるとして、これらの教師に対する処分を取り消した。一方、戒告処分については、懲戒の中でもっとも軽く、裁量権の乱用にあたらないとしている。

　以上のとおり、本判決は、懲戒処分には事案の性質を踏まえた慎重な考慮を要するとの立場に立って、懲戒権者の裁量権に対する、裁判所の審査の枠組みを提示した点で注目される。不起立行為は、信念に起因するもので、いわゆる非行とは次元を異にしており、式典を積極的に妨害するものではなく、違法性が強いとはいえない。処分を伴う強制は教育現場を萎縮させるので、可能な限り謙抑的であるべきだとする裁判所の判断は妥当であろう。

　本判決は、裁判官5人のうち金築誠志裁判長ら4人の多数意見による結論であるが、桜井龍子裁判官は補足意見で、不起立行為の1回目は戒告、2回目で減給1か月、3回目で減給6か月、4回目以降は停職と加重していく都教育委員会の懲戒方式について、「機械的な運用で問題がある」と指摘する。そして、起立斉唱することに自らの歴史観・世界観との間で強い葛藤を感じる教師が、式典のたびに不起立を繰り返すことで処分が加重され不利益が増していくと、「自らの信条に忠実であればあるほど心理的に追い込まれ、上記の不利益の増大を受忍するか、自らの信条を捨てるかの選択を迫られる状態に置かれる」として、このように過酷な結果を教師個人にもたらす懲戒処分の加重は、法の許容する懲戒権の範囲を逸脱すると厳しく批判している。

　他方、宮川光治裁判官は、起立斉唱命令は日本国憲法19条「思想・

良心の自由」に違反するという立場を一貫して維持し、本件でも以下のような反対意見を書いている。

宮川光治裁判官の反対意見

教師らが校長から受けた本件職務命令に従わなかったのは、「君が代」や「日の丸」が過去のわが国において果たした役割に関わる、彼らの歴史観・世界観および教育上の信念に基づくものである。そのように真摯なものである場合は、その行為は彼らの思想・良心の核心の表出であるか、少なくともこれと密接に関連していると見ることができる。したがって、その行為は、教師らの精神的自由に関わるものとして、憲法上保護されなければならない。

　国旗・国歌法と学習指導要領は、教職員に起立斉唱行為等を職務命令として強制することの根拠となるものではない。都教育委員会による通達は、式典の円滑な進行を図るという価値中立的な意図で発せられたものではなく、その意図は、前記歴史観等を有する教職員を念頭に置き、その歴史観等に対する強い否定的評価を背景に、不利益処分をもってその歴史観等に反する行為を強制することにあると見ることができ、職務命令はこうした本件通達に基づいている。

　本件の教師らは、地方公務員ではあるが、教育公務員であり、一般行政とは異なり、教育の目標に照らし、特別の自由が保障されている。すなわち、教育は、その目的を実現するため、学問の自由を尊重しつつ、幅広い知識と教養を身につけること、真理を求める態度を養うこと、個人の価値を尊重して、その能力を伸ばし、創造性を培い、自主および自律の精神を養うこと等の目標を達成するよう行われるものであり（教育基本法2条）、教育をつかさどる教員には、こうした目標を達成するために、教育の専門性をかけた責任があるとともに、教育の自由が保障されているというべきである。

このような目標を有する教育に携わる教員には、幅広い知識と教養、真理を求め、個人の価値を尊重する姿勢、創造性を希求する自律的精神の持ち主であること等が求められる。教員における精神の自由は、取り分けて尊重されなければならないと考える。

個々の教員は、教科教育として生徒に対し国旗・国歌について教育するという場合、教師としての専門的裁量の下で職務を適正に遂行しなければならない。したがって、「日の丸」や「君が代」の歴史や過去に果たした役割について、自由な創意と工夫により教授することができるが、その内容はできるだけ中立的に行うべきである。そして、式典において、教育の一環として、国旗掲揚、国歌斉唱が準備され、遂行される場合に、これを妨害する行為を行うことは許されない。しかし、そこまでであって、それ以上に生徒に対し直接に教育するという場を離れた場面においては、自らの思想・良心の核心に反する行為を求められることはないというべきである。音楽専科の教員についても、同様である。

このように、私は、地方公務員であっても、教育をつかさどる教員であるからこそ、一般行政に携わる者とは異なって、自由が保障されなければならない側面があると考えるのである。

まとめ　以上の補足意見と反対意見の趣旨から考えても、最高裁の判決は、国歌斉唱時の起立・斉唱・伴奏の強制に対して、警鐘を鳴らしているものと評価しうるだろう。世間では「公立学校の教師に国歌斉唱を義務づけるのは当然である」という認識が一般的であると思われる。しかし、価値観は多様なのであり、それが多数者には理解しがたいからといって、当該価値観に基づく行動を当然に制約できるというわけではない。思想・良心の自由は、精神的自由の中核である。これに対する間接的な制約となる

以上、慎重な配慮が必要であろう。

　なお、下級裁判所ではあるが、原告らの思想・信条の自由の侵害を明確に認め、違憲判決を示した事件が存在することにも留意が必要である。この事件は、東京都教育委員会が2003年10月、入学式や卒業式で教職員が国旗に向かって起立し、国歌を斉唱すること、違反すれば停職を含む懲戒処分の対象とする、などが定められた通達を、各校長あてに出したことが発端である（10・23通達）。これに対して、都立学校の教職員らが、そのような起立・斉唱の義務がないことの確認を求めて訴訟を提起した。

　東京地裁（2006年9月21日）は、通達とこれに伴う都教委の指導は「教育の自主性を侵害するうえ、教職員に対し一方的な理論や観念を生徒に教え込むことを強制することに等しい」と指摘し、教育は不当な支配に服してはならないと定めた教育基本法10条1項（現行法16条）に違反することを明確に認めた。さらに、「日の丸・君が代」が「皇国思想や軍国主義思想の精神的支柱」として用いられてきたことは「歴史的事実」と指摘し、懲戒処分までして起立・斉唱させることは思想・良心の自由を侵害すると述べ、違憲判断を示した。

　さらに、「国歌斉唱を拒否し、異なる世界観を持つ者に不快感を与えることがあるとしても、不快感で基本的人権を制約することは許されない」、「憲法は相反する世界観や主義・主張に相互理解を求めている」と指摘し、日本国憲法が保障する思想・良心の自由をもっと尊重すべきであると判示した点が注目される。

第 6 章　ビラ配りと表現の自由

トピック

　日本国憲法21条1項は、「集会、結社及び言論、出版その他一切の表現の自由は、これを保障する」と規定し、精神的自由権の1つである表現の自由を保障している。そもそも表現の自由とは、個人が心の中で感じたり考えたりしたことを外部に発表する自由である、と理解されてきたが、表現の自由の現代的意義を考えると、「情報」（思想、信条、意見、知識、事実、感情等人の精神活動に関わる一切のものを含む）の伝達に関する活動の自由と解することができるだろう。とりわけ、インターネットの発達に伴い、膨大な情報があふれている現代社会においては、単に情報を提供する自由だけではなく、あらゆる情報の中から必要な情報を収集し、その情報をもとに他者に情報を伝達し、その情報が受領されるという情報の自由な流通が重要な意味を持つ。よって、以上の点を踏まえると憲法による表現の自由の保障とは、この情報の自由な流通に関わる国民の諸活動が公権力により妨げられないことを意味すると考えることができよう。

　ところで、表現の手段や方法には時代の変化や技術の進展に応じて、手書きのビラのようなものを配布したりするものから、インターネットが普及した現代における SNS（social networking service）上の書き込みに至るまで多種多様なものが存在する。本章では、このうちもっとも伝統的な表現手段であるビラ配りを刑法上の住居侵入罪で起訴した事件と公務員が政治的内容のビラを配布する行為を国家公務員法違反で起訴した事件を取りあげて検討する。さらに、本章では、「インターネット上のビラ配り」とでもいうべき、SNS 上の書き込み行為をめぐる諸問題についても取りあげる。

1 ビラ貼りとビラ配り

電柱等にビラやポスター等を貼り付ける、いわゆるビラ貼りについて、多くの地方公共団体が屋外広告物法に基づき、条例により規制を行っている。このような条例は、「美観風致を維持する」ことを目的に制定されているが、電柱等へのビラ貼りを全面的に禁止する大阪市の条例の合憲性が争われた「大阪市屋外広告物条例違反事件」（最高裁大法廷判決1968・12・18）において、最高裁は、「都市の美観風致を維持することは、公共の福祉を保持する所以であるから、この程度の規制は、公共の福祉のため、表現の自由に対し許された必要且つ合理的な制限と解することができる」と判示した。しかしながら、この「美観風致」という概念は、主観的な判断に左右されやすいものであることから、規制目的については、歴史的景観や史跡名勝の維持といったより限定的で客観的なものにすべきであろう。

ビラ等の配布 住宅の郵便受けやドアポストにビラ等が投函されたことはないであろうか。私たちが日常生活で頻繁に目にするビラ等の配布も憲法21条の表現の自由で保障された行為の1つである。しかしながら、このようなビラ等の配布が刑法130条1項の住居侵入罪に該当するとして起訴された事件がある。そこで、以下では、このようなビラ等の配布が問題となった「立川反戦ビラ配布事件」（東京地裁判決2004・12・16）を概観しながら、表現の自由の観点から、私たちが日常でよく目にするビラ等の配布の問題について考えてみよう。

立川反戦ビラ配布事件

事実の概要　市民団体「立川自衛隊監視テント村」のメンバーである被告人らは、管理者および居住者の承諾を得ないで、「自衛隊のイラク派兵反対！」等と記載したビラを玄関ドアポストに投函する目的で、防衛庁立川宿舎の各住宅の玄関前まで数回にわたり立ち入った。被告人らは、この行為が刑法130条1項の住居侵入罪にあたるとして起訴された。

判決要旨　「構成要件に該当する行為であっても、その行為に至る動機の正当性、行為態様の相当性、結果として生じた損害の程度等諸般の事情を考慮し、法秩序全体の見地からして、刑事罰に処するに値する程度の違法性を備えるに至っておらず、犯罪が成立しないものもあり得るというべきである」。「被告人らが立川宿舎に立ち入った動機は正当なものといえ、その態様も相当性を逸脱したものとはいえない。結果として生じた居住者および管理者の法益の侵害も極めて軽微なものに過ぎない。さらに、被告人らによるビラの投函自体は、憲法21条1項の保障する政治的表現活動の一態様であり、民主主義社会の根幹をなすものとして、同法22条1項により保障されると解される営業活動の一類型である商業的宣伝ビラの投函に比して、いわゆる優越的地位が認められている。そして、立川宿舎への商業的宣伝ビラの投函に伴う立ち入り行為が何ら刑事責任を問われずに放置されていることに照らすと、被告人らの各立ち入り行為につき、……防衛庁ないし自衛隊または警察からテント村に対する正式な抗議や警告といった事前連絡なしに、いきなり検挙して刑事責任を問うことは、憲法21条1項の趣旨に照らして疑問の余地なしとしない。以上、諸般の事情に照らせば、被告人らが立川宿舎

に立ち入った行為は、法秩序全体の見地からして、刑事罰に処するに値する程度の違法性があるものとは認められないというべきである」。

本判決の意義　本件の第1審判決は、被告人らによる政治ビラの配布行為が政治的な表現活動の一態様であり、それは民主主義社会の根幹をなすものであると指摘するとともに、広告といった商業的宣伝ビラの配布と比較し、政治的な表現活動には憲法上優越的地位が認められると指摘したうえで、被告人らの行為には刑事罰を科すほどの違法性はないと判示している。それに対し、本件の2審判決（東京高裁判決2005・12・9）は、「ビラによる政治的意見の表明が言論の自由により保障されるとしても、これを投函するために、管理権者の意思に反して邸宅、建造物等に立ち入ってよいということにはならない」として、第1審判決とは異なり、被告ら全員を有罪とした。さらに、最高裁（最高裁第2小法廷判決2008・4・11）も第2審判決と同様、管理権者の意思に反して本件宿舎に立ち入ることは、管理権者の管理権を侵害するとともに、住人の私生活の平穏を侵害すると述べ、被告人らの上告を棄却した。

　飲食店等の広告チラシや選挙ビラ等を配布する者が管理者の承諾を得ることなく集合住宅の各住宅の玄関ドアポストまで立ち入ることは少なくない。本件の被告人らも逮捕されるまでは立ち入り自体について抗議を受けることなく、当該庁舎へのビラの配布を行っており、一般市民の感覚からすれば、本件ビラ配布を理由とする逮捕および起訴自体が違和感を覚えるものであろう。「ポスティング業者の存在、これまでの集合住宅への立ち入りの実情等をも勘案すると、近時のプライバシー保護の意識、防犯意識の高まりを考慮しても、現時点では、各住戸のドアポストに配布する目的で、昼間に一

般の居住用マンションの通路や階段等に短時間立ち入ることが明らかに許容されない違法な侵入行為であるとすることについての社会的な合意が未だ確立しているとは言い難く、立ち入らないことが社会の規範の一部となっているとまでは認められない」とした別事件の判例もある。（東京地判2006・8・23）

　本件のようなビラ配布に対する規制は、外見上はビラの内容とは無関係な内容中立規制であるが、実際の規制のあり方によっては、実質的に内容規制となる可能性があり、本件の場合も国家権力にとって都合の悪い表現内容を抑圧するために内容中立規制が利用されたおそれもある。このようなことから、内容中立規制であっても、その合憲性について、裁判所は慎重な審査を行うべきであろう。特に表現行為のもたらす弊害を理由に表現の自由を制限する場合、その弊害の発生については、明白な因果関係と弊害発生の切迫性が認められねばならない。これは、アメリカの判例理論にいう「明白かつ現在の危険」の基準（clear and present danger test）と呼ばれる考え方である。つまり、「住人の私生活の平穏を害するおそれ」というような抽象的危険では十分ではなく、より切迫した具体的危険の発生が立証されなければ（たとえば、生命あるいは身体に対する直接的危害のおそれ）、当該表現行為に対する規制は正当化されず違憲とされるのである。

2　ビラ等の配布と公務員の政治活動の自由

　国家公務員法および地方公務員法は、職務とは無関係に勤務時間外で行うものも含め、一般職の国家公務員および地方公務員による政治活動を広範に禁止している。そして、特に国家公務員法は、政

治活動を行った公務員に対する罰則規定を設けている。公務員の職務は、民主的な政治プロセスを経て決定された政策を忠実に実行することである。したがって、自己の政治的な立場に依拠し、恣意的な政策を実行したり、自らの政治的な立場とは異なる国民に対して、差別的な政策を実行したりすることは許されず、職務を遂行するにあたっては政治的な中立性が要求される。一方で、公務員といえども一市民であり、公務員が一市民として自らの職務とは無関係に行う政治活動は、「行政の政治的中立性」とは無関係なものであるから、そういった政治活動までをも規制するのは、過度に広範な規制であり、憲法21条に違反するという指摘がある。

そこで政治的ビラの配布行為が、国家公務員法が禁止する政治活動に該当するとして起訴された2つの事件について考えてみよう。

事件①（最高裁第2小法廷判決2012・12・7）

事実の概要　　一般職の国家公務員であるX_1は社会保険庁に年金審査官として勤務していたが、2003年11月9日施行の衆議院議員総選挙に際し、公務員であることを明らかにせず、日本共産党を支持する目的で同党の機関紙および同党を支持する政治目的を有する文書を住居や事務所に配布したため、その行為が国家公務員法110条1項19号、102条1項、人事院規則14－7第6項7号・13号5項3号に違反するとして起訴された。第1審判決（東京地裁判決2006・6・29）は、X_1を有罪としたが、控訴審判決（東京高裁判決2010・3・29）は、X_1の行為に本件罰則規定を適用することは憲法21条1項および31条に違反するとして、第1審判決を破棄し、X_1を無罪としたため、検察官が上告した。

判決要旨　　(1)国家公務違法102条1項の目的について

第6章　ビラ配りと表現の自由　67

　国家公務員法102条1項は、「公務員の職務の遂行の政治的中立性
を保持することによって行政の中立的運営を確保し、これに対する
国民の信頼を維持することを目的とする」が、国民の政治活動の自
由は、「立憲民主制の政治過程にとって不可欠の基本的人権であっ
て、民主主義社会を基礎付ける重要な権利であることに鑑みると、
上記の目的に基づく法令による公務員に対する政治的行為の禁止
は、国民としての政治活動の自由に対する必要やむを得ない限度に
その範囲が画されるべきものである」。国家公務員法102条1項の
「文言、趣旨、目的や規制される政治活動の自由の重要性に加え、
同項の規定が刑罰法規の構成要件となることを考慮すると、同項に
いう『政治的行為』とは、公務員の職務の遂行の政治的中立性を損
なうおそれが、観念的なものにとどまらず、現実的に起こりうるも
のとして実質的に認められるものを指し」、同項の委任に基づく人
事院規則の各規定も「それぞれが定める行為類型に文言上該当する
行為であって、公務員の職務の遂行の政治的中立性を損なうおそれ
が実質的に認められるものを当該各号の禁止の対象となる政治的行
為と規定したものと解するのが相当である」。「公務員の職務の遂行
の政治的中立性を損なうおそれが実質的に認められるかどうかは、
当該公務員の地位、その職務の内容や権限等、当該公務員がした行
為の性質、態様、目的、内容等の諸般の事情を総合して判断するの
が相当ある」。

(2)本件罰則規定の憲法適合性について

　本件罰則規定の合憲性は、「政治的行為に対する規制が必要かつ
合理的なものとして是認されるかどうかによることになるが、これ
は、本件罰則規定の目的のために規制が必要とされる程度と、規制
される自由の内容及び性質、具体的な規制の態様及び程度等を較量

して決せられるべきものである」。本件罰則規定の目的は合理的かつ正当なものであり、禁止される対象は、「公務員の職務の遂行の政治的中立性を損なうおそれが実質的に認められる政治的行為に限られ」るため、「その制限は必要やむを得ない限度にとどまり、前記の目的を達成するために必要かつ合理的な範囲のものというべきである。そして、上記の解釈の下における本件罰則規定は、不明確なものとも、過度に広範な規制であるともいえないと解される」。

(3)本件配布行為が本件罰則規定の構成要件に該当するか否かについて

X_1 による「本件配布行為は、管理職的地位になく、その職務の内容や権限に裁量の余地のない公務員によって、職務と全く無関係に、公務員により組織される団体の活動としての性格もなく行われたものであり、公務員による行為と認識し得る態様で行われたものでもないから、公務員の職務遂行の政治的中立性を損なうおそれが実質的に認められるものとはいえない。そうすると、本件配布行為は本件罰則規定の構成要件に該当しない」。

事件②（最高裁第2小法廷判決2012・12・7）

事実の概要　厚生労働省大臣官房の総括課長補佐として勤務する厚生労働事務官 X_2 は、2005年の衆議院議員総選挙に際し、日本共産党を支持する目的で公務員であることを明らかにせず、同党の機関紙を警視庁の職員住宅に配布したため、その行為が国家公務員法110条1項19号、102条1項、人事院規則14-7第6項7号に違反するとして起訴された。第1審判決（東京地裁判決2008・9・19）および控訴審判決（東京高裁判決2010・5・13）は X_2 を有罪としたため、X_2 が憲法21条1項、31条違反等を主張して上告した。

第6章　ビラ配りと表現の自由　69

判決要旨　　X₂が「政党機関紙の配布という特定の政党を積極的に支援する行動を行うことについては、それが勤務外のものであったとしても、国民全体の奉仕者としての政治的に中立な姿勢を特に堅持すべき立場にある管理職的地位の公務員が殊更にこのような一定の政治的傾向を顕著に示す行動に出ているのであるから、当該公務員による裁量権を伴う職務権限の行使の過程の様々な場面でその政治的傾向が職務内容に現れる蓋然性が高まり、その指揮命令や指揮監督を通じてその部下等の職務の遂行や組織の運営にもその傾向に沿った影響を及ぼすことになりかねない。したがって、これらによって、当該公務員及びその属する行政組織の職務の遂行の政治的中立性が損なわれるおそれが実質的に生ずるものということができる」。「そうすると、本件配布行為が、勤務時間外である休日に、国ないし職場の施設を利用せずに、それ自体は公務員としての地位を利用することなく行われたものであること、公務員により組織された団体の活動としての性格を有しないこと、公務員による行為と認識し得る態様ではなかったこと等の事情を考慮しても、本件配布行為には、公務員の職務の遂行の政治的中立性を損なうおそれが実質的に認められ、本件配布行為は本件罰則規定の構成要件に該当するというべきである」。

両判決の意義　　両事件で問題となった国家公務員法102条1項は、一般職の国家公務員に対して、「人事院規則で定める政治的行為」を禁止している。そして、同条の委任を受け、人事院規則14-7が禁止される政治的行為を広範に定めるとともに、上記規定に違反した者には刑事罰が科される。

　当時国家公務員であった郵便局員が日本社会党を支持する目的で同党のポスターの配布等をしたことが国家公務員法102条1項等に

違反するとして起訴された、いわゆる「猿払事件」の最高裁判決（最高裁大法廷判決1974・11・6）は、「行政の中立的運営」および「それに対する国民の信頼の確保」に依拠しながら、公務員には政治的中立性が求められることを導き出し、一般職の国家公務員の政治活動を一律に制限することを合憲とした。

　これらの事件において、最高裁は、先に述べた「猿払事件」とは異なり、国家公務員法上禁止される公務員の政治行為を公務員の職務の遂行の政治的中立性を損なうおそれが実質的に認められる行為に限定した上で、被告人の職務内容や職務上の権限に裁量の余地があるか否かという点を重視し、「事件①」の被告人を無罪、「事件②」の被告人を有罪とした。「事件①」の被告人について、最高裁は、同被告人が管理職的地位になく、その職務の内容や権限に裁量の余地のない公務員であり、本件配布行為に公務員の職務遂行の政治的中立性を損なうおそれが実質的に認められないので、本件罰則規定の構成要件には該当せず、無罪と結論づけた。他方で、「事件②」の被告人について、最高裁は、同被告人が管理職的地位にあり、その指揮命令や指揮監督を通じてその部下等の職務の遂行や組織の運営にもその傾向に沿った影響を及ぼすことになりかねないことから、当該公務員およびその属する行政組織の職務の遂行の政治的中立性が損なわれるおそれが実質的に生ずるものということができると判示し、同被告人を有罪とした。

　両判決において、最高裁は、本法102条1項にいう「『政治的行為』とは、公務員の職務の遂行の政治的中立性を損なうおそれが、観念的なものにとどまらず、現実的に起こり得るものとして実質的に認められるものを指し、同項はそのような行為の類型の具体的な定めを人事院規則に委任したものと解するのが相当である」と指摘して

いる。したがって、当該公務員の政治活動が公務員の職務の遂行の政治的中立性を損なうおそれがあるか否かを検討するにあたっては、抽象的な危険性についてではなく、明確で具体的な危険性について論証することが求められるが、「事件②」の最高裁判決は、この点について十分な論証を尽くしたといえるのか疑問が残る。

3　SNSにおける表現行為

　インターネットの普及に伴い急速に発達したSNSは、新しい情報空間であり、その匿名性とスマートフォンやタブレットという機器の使いやすさもあり、だれでも利用できる表現手段として重要性を増している。そして、それと同時に、個人に対する誹謗中傷、名誉毀損、プライバシー侵害等をもたらす情報の開示による人権侵害事件も多発している。

　たとえば、女性用浴場の脱衣所に侵入したとして逮捕され、建造物侵入罪により罰金刑に処せられたことがTwitter（現X）に投稿されたことで、プライバシーが侵害されたとして、Twitterの運営会社に対し、人格権に基づき、本件各ツイートの削除を求めた事件において、最高裁は、原告が当該運営会社に対して、「人格権に基づき、本件各ツイートの削除を求めることができるか否かは」、「本件事実を公表されない法的利益と本件各ツイートを一般の閲覧に供し続ける理由に関する諸事情を比較衡量して判断すべき」であり、「前者が後者に優越する場合には本件各ツイートの削除を求めることができると解するのが相当である」と述べた。その上で、最高裁は、「本件各ツイートがなされた時点においては」、本件事実が「公共の利害に関する事実であったといえる」が、「本件各ツイートに転記

された報道記事も既に削除されていることなどからすれば、本件事実の公共の利害との関わりの程度は小さくなってきている」と指摘するとともに、本件各ツイートが長期間にわたって閲覧され続けることを想定してなされたものとは認め難い点、さらに、本件事実を知らないが原告と面識のある者に本件事実が伝達される可能性が小さいとはいえない点や原告が公的立場にある者ではない点等をあげ、原告の「本件事実を公表されない法的利益が本件各ツイートを一般の閲覧に供し続ける理由に優越するものと認めるのが相当であ」り、原告は当該運営会社に対して各ツイートの削除を求めることができると結論づけた（最高裁第2小法廷判決2022・6・24）。

　また、別の事件では、自由民主党所属の衆議院議員が、原告であるフリーランスのジャーナリストの名誉感情を侵害する内容のツイートに「いいね」を押したことが不法行為にあたるとして争われた。第1審の東京地裁は、Twitter における「いいね」機能は、好意的・肯定的な感情を示すものとして用いられる場合のほか、ブックマークや備忘といった好意的・肯定的な感情を示す以外の目的で用いられることもあるから、それは非常に抽象的・多義的な表現行為にとどまるものであると指摘した上で、本件で問題となった「いいね」を押す行為は、原則として、社会通念上許される限度を超える違法な行為と評価することはできないというべきであるから、当該行為が、社会通念上許される限度を超える違法な行為であると認めるには足りないといわざるをえないとして、原告の請求を棄却した（東京地裁判決2022・3・25）。しかし、控訴審において、東京高裁は、本件で問題となった「いいね」を押す行為の数や、かかる行為をするまでの当該衆議院議員の態度等に照らすと、同衆議院議員は、原告の名誉感情を害する意図をもって「いいね」を押す行為を

行っていたと認められると指摘するとともに、当該行為が約11万人ものフォロワーを擁する同衆議院議員の Twitter 上で行われたものであることに加え、国会議員の発言等には一般人とは容易に比較しえない影響力があること等に照らせば、本件で問題となった「いいね」を押す行為は、社会通念上許される限度を超える侮辱行為であると認められるとして、同衆議院議員に対して55万円の支払いを命じた（東京高裁判決2022・10・20）。本件の被告が一般人ではなく、現職の衆議院議員であるという点は考慮すべき点ではあるが、間接的表現行為である、Twitter 上の「いいね」を押すことだけでも民事上の名誉毀損が成立することを示した本判決は注目に値する。

4　SNS 上の人権侵害と表現の自由をめぐる問題

　日本国憲法21条 2 項後段は、「通信の秘密は、これを侵してはならない。」と規定しているが、それは、「通信の秘密」を絶対的に保障するものではなく、たとえば、インターネット上の掲示板やSNS において、誹謗中傷などの人権侵害が発生した場合は、加害者の「通信の秘密」が必要最小限度の制限を受け、被害者の救済が図られることになる。

　インターネット上の人権侵害に対する救済方法については、いわゆる「プロバイダ責任制限法」が規定している。まず、被害者は、被害者の権利が侵害されたことが明らかであって、損害賠償請求権の行使のために必要である場合その他開示を受けるべき正当な理由がある場合、プロバイダに対し、発信者の氏名、メールアドレス、住所等の情報の開示を請求できる（ 5 条 1 項）。また、プロバイダは、インターネット上で他人の権利が侵害されていることを知っていた

とき、または他人の権利が侵害されていることを知ることができたと認めるに足りる相当の理由があるときには、被害者に対して損害賠償責任を負う（3条1項）。他方で、インターネット上の情報を削除した場合に、その情報によって他人の権利が不当に侵害されていると信じるに足りる相当の理由があったとき等には、必要な限度において削除したことについて発信者から責任を問われることはない（3条2項）。

　ところで、たとえば、Twitterへの投稿について発信者情報の開示請求をする場合、当該投稿を行うことを目的にTwitterへログインするための通信をしたのが誰かということを特定するしか方法がない。しかし、このようなログインするための通信は権利侵害を発生させるものではないため、それを「プロバイダ責任制限法」に基づく開示請求の対象とすることには議論があった。しかしながら、2022年10月に施行された改正「プロバイダ責任制限法」の5条3項および同法施行規則5条では、①アカウントを作成する際の通信、②アカウントへログインする際の通信、③アカウントからのログアウトする際の通信、④アカウントを削除する際の通信、の4つが「侵害関連通信」と定義されたうえで、この「侵害関連通信」によって送受信される情報を「特定発信者情報」とし、それに対する開示請求権も明文化された。

5　フェイク・ニュース（偽・誤情報）と表現の自由

　虚偽・誇大な広告による健康被害や詐欺被害等、有害または違法なフェイク・ニュースがSNSを通じて拡散している。2024年1月の能登半島地震の際には、虚偽の救助要請や被害についてのフェイ

ク・ニュースにより救助支援活動が妨害を受けた。あるいは、2024年の7月から8月においては、ある殺人事件の犯人がイギリスに着いたばかりのイスラム教徒だとするフェイク・ニュースがSNSで拡散され、イギリス各地で「反移民」、「反イスラム教」を主張する暴動が多発した。その結果、逮捕者は千人を上回り、その中には誤った容疑者名を発信したり、難民申請者が泊まるホテルに放火するよう呼びかけたりした者等、SNSへの投稿を理由に逮捕された者が29名も含まれていた。

　また、近年では、動画を利用したフェイク・ニュースも問題となっている。たとえば、2023年には、民放のニュース番組を装い、アナウンサーが投資を呼びかけるフェイク動画や、岸田元総理大臣が卑猥な内容を話しているフェイク動画が相次いで投稿され、SNSで拡散した。このような動画は、写真や動画等の人物の容貌のデータから、別の動画の特定の人物の容姿をそれに似せて合成するディープ・フェイクと呼ばれる技術で作成されたものであるが、このようなフェイク動画が肖像権を侵害することが明らかである場合、人権を侵害するような情報がインターネット上に流通した際のプロバイダ等の責任を明確化することにより、当該情報の削除等の適切な対応を促すことを趣旨とする「プロバイダ責任制限法」の3条に基づき、当該動画を視聴可能にしているプラットフォーム事業者に対し、その削除を求めることができる場合がある。

　これまでは、いわゆる「思想の自由市場論」という考え方で、情報の自由な流通が確保されていれば、有害な情報や説得力のない議論は反論を通じて市場から駆逐され自然淘汰されていくと考えられてきた。しかし、SNSにおいては、過激な主張や刺激的な内容で利用者の関心を集めれば高評価につながり、収入が得られる仕組み

（attention economy）が採られているため、瞬時にフェイク・ニュースが量産され拡散されると、それに対する反論も正しい情報の上書きも追いつかない事態が生じる。また、特に、選挙においては、選挙の公正を損なうおそれがあるとの懸念も指摘されている。

これまで、フェイク・ニュースへの対応は、SNS を運営するプラットフォーム事業者の自主的な取り組みに委ねられてきた。しかし、自社のガイドラインに照らして不適切な内容の投稿を監視するいわゆる「コンテンツ・モデレーション」（投稿監視）だけでは十分とはいえない。さらに、このプラットフォーム事業者はいまや国境を越えた影響力を持ち、事実上の権力を行使する「新たな統治者」と呼ばれる存在である。そこで、なんらかの形での政府による規制が考えられるが、情報の内容の検討や削除等にまで政府が介入すれば、「検閲の禁止」（憲法21条2項）に抵触するおそれがある。政府による過剰な介入を防ぐには、NGO や報道機関で構成される中立的機関の創設が望まれる。

2024年5月、誹謗中傷等のインターネット上の違法・有害情報に対処するため、大規模プラットフォーム事業者に対し、投稿の削除対応の迅速化およびその運用状況の透明化にかかる具体的措置を義務づける「情報流通プラットフォーム対処法（プロバイダ責任制限法の一部改正）」が公布された。

第 7 章　契約の自由と消費者保護

トピック

　われわれは毎日のように商品を購入し、サービスを受け、その結果快適に暮らすことができている。コンビニでおにぎりを買い、スマートフォンを利用し、電車に乗って通勤、通学している。われわれ消費者の生活はこれら商品・サービスを提供する事業者・企業の活動に大いに依存している。

　しかしながら、もし購入した欠陥商品で怪我をすればどうすればよいのか、有名製薬会社の健康食品を摂取したところ、かえって生命、身体に害を生じたとすればどうすべきか、海外ツアー旅行で観光地に置き去りにされればツアー会社は責任をとるのか、携帯電話やスマホを解約した場合予想を上回る解約金を請求されればどうすればよいのか、ホストに恋愛感情を抱いてホストクラブと高額の飲食などの契約を結んだ場合取り消すことができるのか。自給自足の生活が不可能に近い現代社会において、消費者と事業者との間のトラブルをどのように解決するのかが重要な問題となっているのである。

考え方

　消費者と事業者の取引、契約は、本来私的自治の原則、特に契約の自由の考え方に基づいて解決が図られる。しかし、両当事者の対等性を前提とした契約の自由の原則に従えば、契約に関する素人であり、商品・サービスについての知識・情報・交渉力が不足している消費者側が一方的に不利となる。そこで、消費者と事業者の関係を実質的に対等とするために、消費者保護に関する各種の法律が作られており、消費者の利益となるような判決例が示されているのである。

1 契約の自由と消費者保護

契約の自由の原則　18世紀末のフランス革命やアメリカの独立戦争を経て欧米諸国で成立した近代市民社会では、それ以前の封建社会と異なり、一人一人の自由意思を持つ市民が国家の介入を受けずに、自分の判断で行動できるものとされた。このような近代市民社会の基礎となる法原理を私的自治の原則と呼ぶ。

契約関係は法律関係の典型であり、私的自治の原則はこの契約の自由を含む。日本国憲法が保障する経済的自由（22条の職業選択の自由、29条の財産権）も契約の自由を含むと理解されている。自由意思を持つ両当事者は交渉を通じて価格や品数、引き渡し時期、代金支払い時期等の契約内容を決定し、合意に基づいて契約が成立することになる。また、私的自治の原則には過失責任主義も含まれる。つまり、加害者に故意または過失がなければ損害を賠償する責任がないという原則であり、この故意・過失のみならず、損害と原因との因果関係、損害額等については被害者が立証しなければならない。そこでは、今日の売主は明日の買主であり、今日の加害者が明日の被害者にもなりうるような両当事者の関係の互換性が想定されていたのである。このような内容を含む私的自治の原則に基づき、個人の自由な活動が保障され、その結果として、自由競争による資本主義経済が発展したのである。

消費者問題の発生　もっとも、このような私的自治の原則、契約の自由の原則も、契約を行う両当事者の立場に力の差がある場合には問題が生じる。特に企業等の事業者と

第7章　契約の自由と消費者保護　79

消費者との関係でこの問題は顕著となる。消費者は個人としてその人や家族の生活を維持するために事業者の生産した商品やサービスを購入し、それらを消費する存在である。このような消費者と事業者との間には、特に契約の締結や取引に関する「情報・交渉力の格差」が存在する。事業者は、一定の目的を持って同種の行為（取引等）を反復継続的に行っており、契約についての知識、情報、技量の面で消費者よりも格段に優位となる。しかも事業者は同業者や他業種の事業者と連携して取引に関する仕組みを設けているのに対して、事業者に対して経済的に劣位にある消費者は団結のための組織も持たず、実質的な対抗手段がない。このような状況において消費者と事業者間に問題、いわゆる消費者問題が発生した場合、公平な解決を図れない危険性が生じる。

　このような消費者問題は、わが国では特に食品公害等多くの消費者が被害者となる事件が頻発したことでクローズアップされた。たとえば、森永ヒ素ミルク事件（1955年）は、乳幼児用の粉ミルクの製造過程において乳質安定剤として添加された第二リン酸ソーダに猛毒のヒ素が混入した事件であり、患者数は1万2000人を超えていた。またカネミ油症事件（1968年）では、食用米ぬか油の製造工程で加熱用媒体として使われていたポリ塩化ビフェニールが製品に混入し、約1万4000人という大規模な食中毒事件となった。このような悲劇的事件が社会の幅広い注目を集め、その被害者救済に当時の法制度がうまく対応できなかった点が批判の対象となった。もちろん製造物の安全性だけではなく、その品質や価格、サービスの内容、契約の条件、販売の方法等消費者と事業者の契約に関してさまざまな問題が発生する状況があった。そこで、私的自治の原則、契約自由の原則という私法の基本原則を修正し、一定の条件の下に消

費者の利益を保護することを目的とする特別のルール、消費者保護
法が制定されるようになったのである。

2　公序良俗違反による契約無効

　もっとも、本来、私的自治の原則、契約自由の原則といえども絶
対無制約のものではない。契約の自由を原則とする民法自体、「権
利の行使及び義務の履行は、信義に従い誠実に行わなければならな
い」（信義誠実の原則、民法1条2項）とし、「権利の濫用は、これを
許さない」（権利濫用禁止、民法1条3項）と定める。また、民法90条
は、「公の秩序又は善良の風俗に反する法律行為は、無効とする」
と定めており、これら民法の一般条項を適用することで、消費者問
題の解決が図られる可能性があった。特に民法90条の規定は、古く
から消費者問題を解決する重要な原理として用いられてきたのであ
る。

　民法90条のいう「公の秩序又は善良の風俗」という文言は、「公
序良俗」と略される。民法90条は、契約の効力を認めることが社会
的に見てあまりに妥当性を欠く場合、その契約を無効とする規定で
ある。無効の契約は最初から存在しなかったことになり、原則とし
て履行義務も代金支払い義務もなく、受け取った品物や代金はすべ
て返却することになる。このように民法90条違反は重大な結果を生
むことになるが、肝心の「公序良俗違反」の内容は漠然としていて
わかりにくい。もっともこの点については戦前からの判例の蓄積が
あり、「公序良俗違反」の類型化が進んでおり、その法的内容も以
下のように固まってきている。

　①犯罪行為を内容とする契約は無効である。殺人依頼の契約、盗

品の譲渡契約などはいうまでもなく、犯罪を思いとどまれば礼金を払うなど不法行為を行わないことを条件とする契約も無効である（民法132条後段）。②各種の行政取締規定に反する行為をあえて行い、相手方を害するような行為は無効となる。食品衛生法に反することを知りながら、有毒性物質が混入したアラレを販売する契約は無効とされた（最高裁判決1964・1・23）。③婚姻秩序・性道徳に反する契約は無効となる。④射倖行為、一般的には賭博に関する資金の貸し付け契約は無効である。⑤自由を極度に制限する行為を内容とする契約は無効となる。最高裁判所は、いわゆる前借金無効判決において、親の借金の返済の代わりに子を芸娼妓として働かせることで返済させるという「芸娼妓契約」を無効としている（最高裁判決1955・10・7）。⑥他人の窮迫、軽率、無経験等につけこんで不当に利益を得る暴利行為は無効である。典型例は金銭貸借契約（借金）において過大な利息を取る行為である。また、交際の機会があるように思わせて高額の商品を購入させるデート商法についても、交際が実現するかのように錯覚させて契約の存続を図る点で著しく不公正であり、無効とされている（名古屋高裁判決2009・2・19）。⑦個人の尊厳、男女平等に反する内容の契約は無効となる。日産自動車事件では、定年を男性60歳、女性55歳としていた就業規則を民法90条に違反し、無効と判断している（最高裁判決1981・3・24）。

　消費者と事業者間の契約をめぐるトラブルのうち深刻で大規模なものは本来特別法によって個別に規制されるべきであるが、現実にそのような法律が制定されたとしても規制の網を潜り抜けた新手の悪徳商法が出現する。信義則、権利濫用の禁止、そして何よりも公序良俗違反に関する民法の一般条項は、このような特別法ではカバーしきれない法律行為（契約）について活用されるのである。

3 特別法による消費者保護

クーリング・オフ制度　消費者保護の特別法として注目される
ものとしてクーリング・オフ制度があ
る。クーリング・オフは、契約が成立した後に消費者に頭を冷やし
て考え直す時間を与え、一定期間内であれば無条件で契約を解除す
ることができる制度である。民法上は、ひとたび契約が成立すれ
ば、両当事者はその契約に拘束され、契約内容を守らなければなら
ないが、クーリング・オフでは消費者側のみに一方的に契約を解除
する機会を与える例外的な制度となっている。このため、クーリン
グ・オフはすべての契約において認められているわけではなく、消
費者トラブルを引き起こしやすい特別の契約パターン、特定の商
品・サービスについて、おもに特定商取引法で定められている。

　最初にクーリング・オフが定められたのは訪問販売である。契約
した後、頭を冷やして考え直さなければならないような状況、たと
えば自宅へ業者が訪ねてきて勧誘された（訪問販売）、電話によって
呼び出され勧誘された（アポイントメント・セールス）、道を歩いてい
て呼び止められて勧誘された（キャッチ・セールス）場合がクーリン
グ・オフの対象となった。電話による勧誘販売も同様である。この
タイプのクーリング・オフは契約後8日以内に行わなければならな
い。2009年12月1日より上記の取引であれば原則としてほぼすべて
の商品・サービスに対象が拡大された。なお、ネット通販等の通信
販売も類似の形態ではあるが、消費者側に熟慮の機会があり、法律
上のクーリング・オフ制度は定められていない。

　また、商品やサービス、取引の内容や仕組みが複雑で直ちに契約

内容を理解できないようなもの、マルチ商法（連鎖販売取引）や内職商法・資格商法・モニター商法（業務提供誘引販売取引）も指定されており、クーリング・オフ期間は長期の20日間となっている。このうちマルチ商法は、個人を販売員として勧誘して、さらに次の販売員を勧誘させるというかたちで、販売組織を連鎖的に拡大して行う商品・サービスの取引である。マルチ商法自体は違法ではないが、実際には勧誘時の宣伝ほどの利益を得ることができず、むしろ、友人、知人を勧誘して人間関係が崩壊する等、金銭被害を超えた被害内容を持つ例も見られる。

　さらに、長期間継続的に提供されるサービスのうち金額が5万円以上であり、1か月以上継続するエステティック・サービスと美容医療、2か月以上継続する語学教室、家庭教師、学習塾、パソコン教室、結婚相手紹介サービスの7種類（特定継続的役務提供）についても、契約時から8日間をクーリング期間と定められた。この7種類は、サービス内容が専門的であり、効果の達成が不確実であるところから、長時間にわたる勧誘等の不適切な勧誘行為が行われやすく、消費者の利益を保護する必要が認められたのである。語学教室の最大手企業の受講生勧誘において書面記載不備、誇大広告、不実告知等の法令違反があり、最終的には30万人を超える受講生への既払金の返済ができないまま事実上倒産した例があった。消費者には頭を冷やす期間が必要と考えられるのである。

　以上の特定商取引法以外にも、クーリング・オフを定めた特別法があり、たとえば、ショッピング・クレジット（割賦販売法でのクーリング・オフ期間は8日間または20日間）、生命保険、損害保険契約（保険業法、同8日間）、宅地建物の取引（宅地建物取引業法、同8日間）、投資顧問契約（金融商品取引法、同10日間）ゴルフ場会員権（ゴルフ場

会員契約適正化法、同8日間）が挙げられる。

クーリング・オフに関する判例は、全体として消費者保護の姿勢を示している。たとえば、法上は「書面により」行うべきクーリング・オフの通告を口頭で行った事例について、他の方法によって証明できるのであれば解約を認めるべきとされた（福岡高裁判決1994・8・31）。2022年には各法が改正され、クーリング・オフの通知をメール送信など電磁的記録で行うことも可能となったが、念のためメールやスクリーンショット等は5年間保存すべきである。また、クーリング・オフ期間は、契約を行った時ではなく、事業者側から契約内容に関する法定書面が消費者に交付された時を起算点とするが（書面を受領した日を含む）、書類内容に不備があった場合にはクーリング・オフの行使期間は延長されると判断されている（東京地裁判決1993・8・30）。そもそも書面が交付されなかった、あるいは、クーリング・オフの説明がなかった場合には、それがなされるまでクーリング・オフが可能である。

製造物責任法　1995年7月1日施行の製造物責任法（PL法）は、製造物の欠陥により人の生命、身体または財産に被害が生じた場合に、被害者が製造業者（メーカー）等に対して損害賠償を求めることができることを定める特別法である。

一般法である民法においても製造物の欠陥については、瑕疵担保責任（旧民法570条、現在は「契約不適合責任」民法562条）、債務不履行責任（民法415条）、不法行為責任（民法709条以下）に基づいて損害賠償を請求することは可能であった。しかしながら、瑕疵担保責任や債務不履行責任は、消費者が直接売買契約を結んだ販売店相手には追及できるが、製品を製造したメーカーに問うことは難しかった。また、不法行為責任では、被害者側がメーカーの過失や注意義務違

反の立証を行わなければならない。しかし、特に消費者が被害者となった場合には、製品の構造についての知識、同種事故の発生情報等において加害者側のメーカーと圧倒的な差異があるため、不法行為の立証は事実上困難である。カネミ油症事件等に見られるように大量生産、大量消費される製造物の場合、被害が拡大する恐れがあり、消費者が予期しないような突発的事故の原因となること、生命、身体、財産等への重大な被害が起こる危険性があること等からも、被害者の利益を確保するための新たなルール設定が求められたのである。

　製造物責任法は、大量生産、大量消費される工業製品等が対象であり、土地建物等の不動産や未加工の農産物、電気、ソフトウェア等は対象ではない。なお、欠陥住宅については、別の特別法である住宅品質確保促進法において新築住宅に限って対象となっている。製造業者（メーカー）は製造物について結果責任を負う。被害者となった消費者は、①製品の欠陥、②身体、生命、財産への損害、③欠陥と損害との因果関係、以上3点を立証すればよい。民法の不法行為責任では、被害者は、問題となった結果について加害者に故意、または過失があったことを立証しなければならなかった。これに比べて被害者の立証責任は確実に軽減されている。

　製造物責任法上の「欠陥」とは、製造物に関わるさまざまな事情を総合的に考慮して製造物が通常持つべき安全性を欠いていることをいう。欠陥は具体的には3種類に分類できる。①製造物の設計に問題があった場合である。カーオーディオ・スイッチの不良で自動車のバッテリーがあがる等の事故が多発し、その対応のため損害を被ったとされる事件では、スイッチの設計に問題がある点が欠陥とされた（東京地裁判決2003・7・31）。②製造工程過程で何らかの原因

で欠陥が生じた場合である。製造物責任法が適用された最初の事件であるジュース異物混入事件では、混入した異物が何であるかについて被害者側は立証していなかったが、裁判所はジュースを飲んだ後に出血した事実を認め、製造過程において異物が混入する危険性を否定できない以上、欠陥があったと結論した（名古屋地裁判決1999・6・30）。③製造物についての適切な説明、注意書きがなかった等の指示・警告上の欠陥がある場合である。特殊な強化ガラスで作られた給食用の食器が床に落ち、その破片が小学生の目を傷つけた事件で、製品としての欠陥はないが、割れた場合の破片の危険性が一般の陶磁器よりも高いことが説明書に表示されていなかった点について欠陥があるとした（奈良地裁判決2003・10・8）。もちろん、上記３つの欠陥が同時に、あるいは２つずつ認定されることもありうるところである。

4　消費者契約法による消費者保護

　以上のような特別法は、個別の消費者被害について、消費者を保護する観点から立法されたものである。しかしながら、そのような個別立法が定める規制の網目をくぐり抜けるような事例は後を絶たず、消費者契約全体について幅広くカバーする法律の制定が求められることとなった。これら立法の中で消費者契約法は、消費者と事業者との間の情報力・交渉力の格差を前提とし、消費者の利益擁護を図ることを目的として、2001年４月に施行された代表的なルールである。消費者契約法は、もはや対等ではない消費者と事業者の関係において実質的な平等を図り、結果として国民生活の安定を図るとともに国民経済の健全な発展に寄与するものとされた。このた

め、消費者契約法上の「消費者」は個人のみであり、事業を営む個人は事業者との対等性が維持できるために含まれていない。

消費者契約法の内容は、まず取引など契約締結過程での不当勧誘を規制する。消費者契約法４条は、事業者の不当な勧誘によって消費者が誤認あるいは困惑した場合に、消費者に契約取消権を認めている。誤認の原因としては、消費者を勧誘する際に重要事項について事実と異なることを告げた（不実告知）等が挙げられる。

判例では、市場価格が12万円程度のファッション・リングに「一般的な小売価格」として41万4000円の値札を付けていた事例で、裁判所は不実告知として契約の取り消しを認めた（大阪高裁判決2004・4・22）。また困惑については、退去を求める消費者の意思表示にもかかわらずセールスマン等事業者が住居・職場から退去しない行為（不退去）、退去の意思を示しているにもかかわらず営業所から消費者を退去させなかった行為（退去妨害・監禁）が法定されている。家出中であるため高額（手数料、立て替え金を含めて118万円）の絵画の購入意思がないことを繰り返し述べているにもかかわらず強引な勧誘を続けて契約をさせた事例では、事業者側からの退去させない旨の発言はなかったものの、消費者側の困惑を認めて、契約の取り消しを認めている（東京簡裁判決2003・5・14）。

次に消費者契約法が規制するのは、契約内容の公正さについてである。事業者と消費者との間の契約では、契約内容について事業者側が作成する「約款」が用いられることが多い。運送約款、保険約款、クレジットカード規約、あるいは携帯電話サービス約款等である。約款は、大量の契約を画一的・定型的に処理する必要のために事業者が一方的に作成するもので、内容は固定されており、交渉過程において実質的に消費者側に修正の機会はない。約款により消費

者側にも契約、取引を簡略化するメリットはある。しかしながら、約款の用語は専門的であって事業者と消費者とでは情報・交渉力に差異があり、消費者側に不利な内容が含まれがちとなっている。

そこで消費者契約法8条は、約款の内容につき一定の条件であれば無効になると定めた。まず、内容の不当性の問題で、損害賠償責任・不法行為責任の全部の免責を定めていれば、その部分に関し約款は無効となる。たとえば、保険契約について保険金請求事故後30日以内に届けなければ保険金を支払わない等を定める条項、あるいは、スポーツクラブ内での事故について一切の責任を負わないとする条項等は、不当な内容と見なされ無効と考えられる。約款の一部が無効となれば、消費者側は民法709条の不法行為責任条項等に基づいて事業者の責任を追及できることになる。

消費者契約法9条は、消費者契約の解除に伴う損害賠償額の予定や違約金の条項について、同種の消費者契約で生じる平均的損害額を超える場合に、超過部分を無効とするものである。この条項の適用が問題となったのは、大学入試において入学辞退者に対して、納付された学生納付金（入学金、授業料等）を返還するかどうかの取り扱いである。従来、多くの大学の入学試験要項には、「納付された学納金はいかなる理由があっても返還しない」との特約がついており、受験生は当該特約に同意したうえで在学契約を結んでいると見なされていた。

これに対して最高裁判所は、結論としては、学校年度が始まる前の3月31日までに返還請求がなされた場合、納付された学納金のうち授業料は入学辞退者に返還すべしとした（最高裁判決2006・11・27）。入学金については合格者が当該大学に入学し、学生としての地位を得るための性質を持ち、大学が合格者を学生として受け入れ

るための事務手続き等の費用として充てられることが予定されている。このため、学生の入学以前であっても大学には返還義務はない。これに対して授業料は、大学が持つ教育役務（サービス）の提供義務、教育施設の利用義務の対価としての性質を持ち、このため、入学以前（通常は4月1日より前）の入学辞退者には返還しなければならない。このように最高裁判所は、入学金と授業料の性質を区分し、また返還請求期間が入学以前か以後かで分け、3月31日以前の授業料不返還特約を消費者契約法9条違反としたのである。もっとも入試要項に「入学式を無断欠席した場合には、入学を取り消す」旨の記載がある場合には、4月1日以降入学式までの期間に入学を辞退したとしても、大学側には損害は発生しておらず、授業料も全額返還すべきことになる。

　なお、消費者契約法10条は、同法8条、9条の不当条項に該当しない場合であっても、消費者の権利を制限する、または消費者の義務を加重する消費者契約の条項は、信義誠実の原則に反して消費者の利益を一方的に害する場合、無効となると一般的に定めている。判例としては、プロ野球の小学生招待企画で野球に詳しくない保護者の顔面にファウルボールが直撃して傷害を負わせた事故に対して、主催球団に故意、重過失がなければ治療費を支払わないとする「野球観戦契約」の免責条項を適用することが、消費者契約法10条により無効である疑いがある旨を判示したものがある（札幌高裁判決2016・5・20）。

5　消費者保護の新たな仕組み

　2009年9月1日、消費者の視点から政策全般を監視する組織とし

て内閣府に消費者庁が設置された。本来消費者も事業者もともに行政機関が中立的に取り扱うべき「国民」といえる。しかしながら、消費者問題の拡大に対応するために、国は消費者庁を消費者の利益保護を目的とした特別の行政機関として設置したのである。

さて、消費者保護の特別法の制定、行政機関による消費者保護の強化に加えて、注目されるのは消費者団体訴訟制度である。本来消費者の行う契約は個人的なものであり、かりに何らかの問題が発生したとしても、それは消費者個人と事業者との間で解決がなされるべきである。しかしながら、過去の例は、消費者個人が事業者と争うことの困難を示してきた。そのため本章で検討したように、国会は私的自治の原則、契約自由の原則を修正する各種の消費者保護法を制定してきた。もっとも、そのような消費者保護の各法制度をもってしても、必ずしも個人が訴訟を効率的に利用できるとは限らない。最大手の語学教室が途中退会者への授業料返金を拒んだとき、その数万円の金銭のために弁護士を雇い、訴訟を提起しようと考えた者がどれほどいたのであろうか。このような消費者問題における訴訟の事実上の困難を解決すための一方策として、不特定多数の消費者の利益を保護するため、それら潜在的な被害者に代わって訴訟を提起できる消費者団体訴訟制度が登場したのである。

「消費者団体訴訟制度」（団体訴権）とは、内閣総理大臣が認定した消費者団体が、消費者に代わって事業者に対し「差止請求」と「被害回復」の訴訟などを行うことができる制度である。

まず、差止請求は、認定された消費者団体に、消費者契約法上の不当な勧誘行為や不当な契約条項の使用の差止請求を認めるものである。事業者が現に当該行為を行っている場合だけではなく、被害を未然に防止するために当該行為が行われるおそれのある段階での

差止請求も認められている。2009年には、特定商取引法や景品表示法に違反する不実告知やクーリング・オフの妨害行為、優良誤認表示等に関する差止めも追加され、さらに、2015年からは食品表示法上の虚偽表示も対象となっている。この差止請求は、各団体が事業者を相手取って訴える裁判において利用できるが、裁判外での話し合いにおける請求でも用いることができる。

　次に、被害回復は2016年に施行された制度で、認定された消費者団体が消費者の金銭的な被害の回復を図るために訴訟等を行うものである。トラブルに遭ったとき消費者の多くが事業者との交渉や損害賠償訴訟等を行わず、被害の回復が果たせずに泣き寝入りしている状況があり、これらを改善する目的で設けられた。条件としては、同じ原因で数十人以上に被害が発生していること、債務不履行、不当利得および損害賠償等の金銭的被害の回復を求めるものであること等である。また2023年法改正により、財産的損害と合わせて請求し、事業者側に故意があれば、慰謝料も対象となった。回復請求の手続は２段階になっており、まず、消費者団体が事業者側の責任確定のために提訴し、次に、当該訴訟の結果を受けて被害を受けた消費者が参加する形をとる。消費者は、最終的に裁判に勝てるか否かある程度の見通しを立てることができ、また、個々に訴訟を起こす場合に比べて時間・費用・労力を軽減できる。

　2024年12月現在、差止請求ができる「適格消費者団体」には、消費者運動の重要な担い手となってきた諸団体が法人会員となっている『消費者機構日本』など26団体がある。また、被害回復を担当できる「特定適格消費者団体」としては、適格消費者団体のうち、被害回復を適切に行うことができる等の要件を満たしたものとして総理大臣によって認定された『消費者機構日本』、『消費者支援機構関

西』、『埼玉消費者被害をなくす会』、『消費者支援ネット北海道』の
4団体がある。

　差止請求に関する裁判例としては、携帯電話の解約違約金条項
（いわゆる「2年縛り」）について適格消費者団体がドコモ、au、ソフ
トバンクを相手取り当該条項の使用差止請求の訴訟を提起したもの
がある。携帯電話を契約している数千万人の消費者に影響する重大
事件として報道されたが、結論として、地裁段階では消費者団体側
勝訴とする判決も見られたものの（京都地裁判決2012・7・19）、高等
裁判所において逆転し（大阪高裁判決2013・3・29）、最終的には最高
裁判所が上告を棄却して消費者側の敗訴が確定している（最高裁判
決2014・12・11）。

　また、特定適格消費者団体による被害回復の例としては、医学部
の入試において女子受験生や多浪生等が男子受験生や現役生と比べ
て不利益扱いを受けていた問題に関して、『消費者機構日本』が入
学検定料等の返還を求めて提起した訴訟では、2021年7月、受験生
558人に総額6756万円を支払うことで和解が成立している。消費者
契約法39条は、適格消費者団体が提起した訴訟の判決および和解に
ついて内閣総理大臣が公表すると定めており、最新の情報が消費者
庁および独立行政法人国民生活センターのホームページで確認でき
る。

第 8 章　労働者の権利と労働法

トピック

　街を歩いていると「激安」、「安値世界一」等の看板を見ることがある。デフレ状態から脱却できない経済情勢では、このような仰々しい看板を出さずとも、多様な分野で価格の引き下げ競争が行われている。消費者である私たちは、買い物の選択肢が増えて、良質な品がより安く手に入れば、大変満足である。しかし、このように安い品で、一体どれだけの利益が、製造者や販売者にあるのかと、ふと考えてしまう。企業間の過当競争により、利益を度外視した価格設定が行われれば、それが原因で労働者の労働条件は悪化するはずである。使用者は人件費を抑えるために、正社員等の正規雇用を減らして、パートタイム、アルバイト、契約社員、派遣社員等の非正規雇用を増加させる。

　いわゆる「安売り」の背後に、そのしわ寄せを受ける労働者の姿を想像するとき、「安売り」を素直に喜ぶことはできない。私たちが生来の自由を享受し、幸福な生活を送ろうと思えば、やはりある程度お金は必要である。そして、お金は労働によって得ることができる。雇用が不安定になれば、必然的に人々の生活や生存も不安定となる。要するに、労働は、人々の生存に直結すると同時に、自由や幸福の実現の前提をなす、きわめて重要な営為なのである。日本国憲法27条1項は、労働を権利として保障し（勤労権）、同条2項は勤労条件を法律で定めることを規定している。憲法がこのように規定するのは、労働が幸福な生活の実現に深く関係しているからにほかならない。

　これらの憲法上の規定を受けて、労働者の権利を実現するために制定された種々の法の総称が、労働法である。

1　社会国家と勤労権

　19世紀から20世紀にかけ資本主義経済は発展したが、労働者は過酷な労働条件、低賃金、失業等によって生活を脅かされていた。社会国家の理念は、労働者の不自由・疲弊といった社会的弊害を克服するために登場したのであり、国民の生存権の保障と同時に、勤労権の保障も要請する。

　社会国家の理念を日本国憲法上で具現化した規定が25条である。同条1項は、国民に「健康で文化的な最低限度の生活を営む権利」（生存権）を保障し、同条2項は、この生存権の保障を具体化する施策の実現を国家に義務づけている。

　このように現代国家には国民のための生存配慮の諸施策を実施することが要求され、また国民にはそれを要求する権利があると考えられている。しかし、国民各自の生存は、第一次的には、国民自らの勤労によって維持されるのが原則である。そのためには、勤労の自由ないし権利が保障されるとともに、適切な労働条件の下で労働する機会が与えられなければならない。

2　日本国憲法27条1項の意味

　そこで、日本国憲法27条1項はまず、「すべて国民は、勤労の権利を有し、義務を負ふ」と定める。これは、資本主義経済体制の下、各人が自らの意思で働く場所を見出していくことを前提に、①労働の意思と能力のある者が私企業等への雇用の機会が得られるよう国に対して配慮を求め、②雇用の機会が得られない場合には、雇用保

険等を通じて適切な措置を講ずることを要求する権利である。これを具体化する法律として、たとえば、職業安定法、労働施策総合推進法、男女雇用機会均等法、雇用保険法等が制定されている。

　勤労権は、国家に積極的施策を求めるという点で、上述の25条の生存権とともに、社会権の一種と解されている。生存権は、雇用の機会を得ることができない、または働くことができない状況に陥った場合に、最終的に国民の生活を支える切り札として機能することになる。

3　日本国憲法27条2項の意味

　次に、日本国憲法27条2項は、「賃金、就業時間、休息その他の勤労条件に関する基準は、法律でこれを定める」ものとする。これは、本来であれば労使間で決定すべき労働条件につき、労働者の利益のためにその最低基準を法律で定めて、当該基準を下まわらないよう制限するものである。

　いわゆる近代市民法は、個人を形式的に自由、平等、独立の人格としてとらえ、「契約自由の原則」を基本原則として成り立っている。この契約自由の原則に照らせば、当事者が合意した労働契約に国家が介入することは原則として許されないはずである。しかし、労働契約は、物の売買契約とは異なり、契約の自由に委ねておくことができない重要な特徴がある。

　第一に、労働契約は、働く人間そのものを取引の対象としているという点である。物とは違い人間には人格が備わっている。契約の内容によっては、その人格的利益が侵害される危険性がある。たとえば、長時間過酷な状況で働き続けるという契約は、労働者の精神

や肉体を損なう危険性が高い。そうであれば、本人がその契約に同意したからといって、当然にその契約を法的に有効とすることには問題があるのではないか。

　第二に、労働者と使用者とが対等な立場にあるとはいいがたいという点である。土地などの生産手段を持たない労働者は、仕事がなければ生きていくことのできない経済的弱者であり、労働力を切り売りして生きていくしかない立場にある。そのため、使用者と労働契約を結ぶとき、労働者は自分が真に望んでいない条件であっても、それに同意せざるをえないだろう。

　第三に、労働契約が結ばれると、労働者は使用者の指揮命令に従って労働することが求められるという点である。労働契約から生じるこのような支配服従関係は、自らの判断で行動する自由を労働者から奪うことになる。

　以上の諸点を考えれば、労働契約を「契約の自由」を前提に、当事者の合意に全面的に委ねるには、問題があるといえそうである。実際、19世紀から20世紀にかけての工業化の時代に、契約自由の原則の下で、さまざまな弊害が顕在化した。財産を持たない多数の労働者が、自分たちの意に反して、低賃金で長時間働く内容の契約の締結を事実上強制されてきたのである。彼らは、劣悪な労働環境の下で、人間としての自由や尊厳を失っていった。このような歴史的経験に照らして、日本国憲法27条2項は、契約自由の原則を修正して、賃金、就業時間、休息等の労働条件の最低基準を法律で定めることを規定している。

4 労働者保護法

資本主義経済体制の下、労働者は使用者との関係においては、必然的に従属的な立場に置かれるため、労働者には憲法上の権利として、勤労権が認められるに至った。そして、これを具体化するための種々の法が一般に労働法と呼ばれるわけであるが、その中でも、国家が労働者を直接的に保護するため、労働契約の内容に介入し、一定の限度においてそれに制限を課すことを目的としたものが、いわゆる「労働者保護法」と呼ばれる領域である。

以下では、経済的弱者の立場にある労働者を直接的に保護するための措置である「労働条件の法定」と「労働者差別の禁止」について詳しく述べる。

5 労働条件の法定

労働者が仕事を得ても、その労働条件が劣悪であれば、健康で文化的な生活を維持していくことはできない。したがって、労働者の生活を守るためには、労働条件の決定を労使間の話し合いだけに委ねるのではなく、国家が最低限度の労働条件を法定し、それを使用者に守らせなくてはならない。労働基準法（以下、労基法）は、そのために制定された法律であり、労働者保護法の中核をなす。

労基法は直接的には日本国憲法27条2項を受けて制定されたものである。しかし、労基法1条1項は、「労働条件は、労働者が人たるに値する生活を営むための必要を充たすべきものでなければならない」と定め、日本国憲法25条の生存権も意識した規定となってい

る。労働条件は、生存権の保障に資するものでなくてはならないのである。

労基法は、法律で定めた労働条件の基準に達しない労働契約は、その部分については無効となり、無効となった部分は法律で定める基準によると規定する（13条）。労基法が規定する最低労働条件は、労使間の合意によって排除することのできない、いわゆる強行規定であり、直接的に契約内容を形成するものである。そのため、労働契約に定めのない部分については、労基法の定める労働条件が労使双方を拘束することになる。

法定労働時間・休憩・休日の原則　労基法には、労働時間、休憩、休日、年次有給休暇の最低条件や、年少者や妊産婦等の保護規定が置かれている（32条以下）。労働条件の中でも労働時間は労働者にとって重要である。長時間の労働は、労働者の健康を害すると同時に、精神的なゆとりも奪ってしまう。にもかかわらず、日本では長時間労働が常態化しており、事態は深刻である。労基法はどのように規定しているのか、以下に見てみよう。

労基法によると、使用者は、労働者に、休憩時間を除いて、1週40時間を超えて労働させてはならず、かつ、1日8時間を超えて労働させてはならない（32条）。しかし、これには例外があり、①災害・公務による臨時の必要がある場合（33条）、②労使協定（いわゆるサブロク協定）が締結されている場合には（36条）、法定労働時間を超える労働（時間外労働）や法定休日における労働（休日労働）をさせることができるとしている。

法定労働時間を超える時間外労働については、時間比例で割増賃金が決定される。労働時間と賃金は、切り離すことができないもの

第8章　労働者の権利と労働法　**99**

とされてきた。この点は、拘束性が低く（自由度が高く）、成果に応じて処遇するのに適した知的創造的な働き方とは相容れない。そこで、2018年6月のいわゆる「働き方改革関連法」の成立により、労基法の一部が改正され、特定高度専門業務・成果型労働制（高度プロフェッショナル制度）が創設された（41条の2）。これは、職務の範囲が明確で一定の年収（少なくとも1000万円以上）を有する労働者が、高度の専門的知識を必要とする業務に従事する場合に、年間104日の休日を確実に取得させること等の健康確保措置を講じること、本人の同意や労使委員会の決議等を要件として、労働時間、休日、深夜の割増賃金等の規定を適用除外とする制度である。

最低賃金の原則　賃金は労働時間と並んで労働者にとってもっとも重要な労働条件の1つである。労基法は、賃金について若干の規定を置いているが（24条）、その詳細は最低賃金法に定められている。

　最低賃金法は、賃金が低くなりすぎたり、企業間で不公正な競争が行われることを防止するため、賃金の最低額を設定することを定める。この最低賃金には、都道府県ごとの地域別最低賃金（9条以下）と、特定の産業ごとに地域別最低賃金を上回る最低賃金を定める、特定産業別最低賃金（15条以下）の2種類がある。

　前者の地域別最低賃金に関して、2023年10月現在、東京都がもっとも高く、その時間額は1113円である。全国平均（加重平均）は1004円となっている。この時間額を下まわる賃金を定めた場合は、当該最低賃金の額に修正され（4条2項）、使用者には罰金刑が科されることになる（40条）。

　ところで、最低賃金が生活保護の給付水準を下まわる、いわゆる「逆転現象」がしばしば問題となる。これは、最低賃金で1日8時

間、週5日働いた場合の月収から社会保険料等を差し引いた可処分所得が、生活保護水準を下まわることを指す。両者を比較する場合には、それぞれを時給換算した数値が用いられる。人々の生活は自身の勤労によって維持することが原則である以上、本来、最低賃金は、生活保護の給付水準よりも高くなくては辻褄が合わない。

最低賃金法は、最低賃金を定めるにあたっては、労働者が健康で文化的な最低限度の生活を営むことができるように、生活保護水準との整合性を求めている（9条3項）。かつて、いくつかの都道府県において、最低賃金の手取り収入が生活保護を下回る「逆転現象」が確認されたが、国は2013年から段階的に生活保護の基準を引き下げる一方で、2014年に最低賃金を引き上げることにより「逆転現象」は一応全国で解消されたとされる。

しかし、国が生活保護の基準額を引き下げたのは、「健康で文化的な最低限度の生活」を保障した憲法に違反するとして、全国の都道府県で訴訟が提起されている。裁判所の判断は分かれているが、名古屋高裁（名古屋高判令和5・11・30）は、国の減額処分の取消しと国家損害賠償を命じる判決を下したことで注目される。

6　労働者差別の禁止

自分の意思や努力によってはどうにもならない不変の属性を理由として、不利な扱いを受けるとすれば、個人の尊厳は深く傷つけられる。不幸にして、このような不当な差別は、社会の至る所で発生しており、雇用の場面でも発生しうる。ことに雇用は生存に直結するものであるから、この場面での差別はきわめて深刻な問題である。

雇用上の差別を明示的に禁止する規定として、次のような法律が

存在している。

国籍、信条、社会的身分を理由とする差別の禁止

労基法3条は、労働者の国籍、信条、社会的身分を理由として、使用者が労働条件について差別することを禁止している。本条の「信条」には宗教的、および政治的な信念も含まれる。「社会的身分」については、出身地、門地（家柄）、人種、嫡出・非嫡出の別等、自分の意思では変えることのできない生来的な身分的地位を指す。したがって、パート労働者等の身分は、これに含まれないと解される。また本条にいう「労働条件」とは、労働契約締結後における労働者の処遇いっさいを指しており、採用段階での差別は、本条が禁止するところではない。

性別を理由とする差別の禁止

労基法4条は、労働者が女性であることを理由とする「賃金差別」を禁じている。賃金とは、その名称を問わず、労働の対償として使用者が労働者に支払うすべてを指しており、月給・日給・時給等の基本給、諸手当、賞与、退職金等が含まれる。本条は賃金差別を禁止しているにすぎないので、採用、配置、昇進、教育訓練等、賃金以外の面での差別については、本条が禁止するところではない。

さらに、本条が禁止するのは、「女性であること」を理由とする賃金差別であるから、年齢、勤続年数、扶養家族の有無、職務内容、職務上の地位や責任等、性別以外の要因によって生じる賃金格差は問題とならない。これに対して、女性は一般的に勤続年数が短い、あるいは主たる生計維持者ではないといったステレオタイプ（偏見、決めつけ）に基づいて、男女を区別することは、まさに「女性であること」を理由とする差別にあたる。たとえば、扶養親族を有

する世帯主に支給される家族手当について、「世帯主は一般的に男性だ」という認識のもと、夫婦共働きの女性に対して家族手当の支給を制限することは、本条違反の「女性であること」を理由とする賃金差別となる。

労基法4条は、このように男女間の賃金差別のみを禁じており、賃金以外の面での男女差別については、男女雇用機会均等法（以下、均等法）がこれを禁止する規定を定めている。

均等法は、労働者の募集・採用（5条）、労働者の配置・昇進・降格、労働者の退職・定年・解雇等（6条）、広範囲にわたって、雇用上の性別を理由とする差別を禁止している。さらに、直接的には性別を理由としていなくとも、実質的に性別を理由とする差別となるおそれがある場合は、合理的な理由がない限り、これを禁止する旨の規定を定めている（7条）。いわゆる「間接差別」の禁止である。この間接差別という概念は、2006年の法改正により、新たに導入されたものである。

近年では、性別を直接的な理由とする明白な差別行為は減少傾向にある。しかし、一見したところ性中立的な制度としてのコース別雇用管理制度（総合職と一般職の区別）や、パートタイム・派遣・有期雇用等の非正規雇用の形態等を通じて、男女差別は温存されているとの批判が強い。間接差別の禁止は、このように社会に潜む「巧妙な差別」を解消する有力な手段として期待されている。しかし、均等法で禁止される間接差別は、現時点で、厚生労働省令によって3つの措置に限定されている。それによると、①募集・採用における身長・体重・体力要件、②コース別雇用管理制度の下での総合職の募集・採用における全国転勤要件、③昇進における転勤経験要件が、間接差別として禁止されている。間接差別の概念を導入して

も、このように禁止の対象を相当限定しては、その実効性はあまり期待できない。今後は、間接差別禁止の適用範囲の拡大について、検討が必要であろう。

雇用形態を理由とする差別の禁止

終身雇用、年功序列型賃金等に象徴される、いわゆる日本型雇用慣行の恩恵は正規労働者（正社員）が享受する一方で、パートタイム、アルバイト、契約社員、派遣社員等の非正規労働者と呼ばれる労働者の多くは、不況になると雇用調整の対象とされ、勤続年数によって賃金や処遇が正社員ほど上昇することはなく、スキルアップの機会も限られていた。また、時間当たりの賃金は、同一労働を行う正規労働者に比べて低く、賞与（ボーナス）や退職金等を受けることはほとんどない。かねてより、非正規労働者の不安定な雇用上の地位、正規労働者との待遇格差は、問題視されてきた。

このような状況が改善されないまま、1990年代以降のグローバルな競争の激化、景気低迷の長期化を背景に、企業はコスト削減を余儀なくされ、安価で調整が容易な非正規労働者の数がさらに増大していくことになる。

非正規労働者に対する杜撰な雇用管理を改善するため、「短時間労働者の雇用管理の改善等に関する法律」（パートタイム労働法）が1993年に制定された。その後、非正規労働者の低処遇をめぐる問題（格差問題）が社会的な関心を集め、同法は2007年に全面的に改正され、さらに2018年の働き方改革の一環で重要な改正が行われている。この際、法律の名称は、「短時間労働者及び有期雇用労働者の雇用管理の改善等に関する法律」と改められた（以下、パートタイム・有期雇用労働法）。

パートタイム・有期雇用労働者等の非正規労働者も、労働時間が

短いとはいえ、「労働者」であることに変わりはない。したがって、労基法はもとより、最低賃金法その他の労働法が適用される。しかし、それだけでは適正な労働条件が確保されないことから、パートタイム・有期雇用労働法は、以下の独自の規制を定める。

まず事業主は、パートタイム・有期雇用労働者を雇い入れたときは、労基法15条1項により、労働条件を書面によって明示することが当然に義務づけられる。パートタイム・有期雇用労働法は、これに加え、労働条件が不明確になることを防ぐため、昇給・退職手当・賞与の有無等の特定事項について、文書の交付等により明示することを事業主に義務づけている（6条）。これに反すると、事業主は10万円以下の過料に処せられる（31条）。

さらに、パートタイム・有期雇用労働者の待遇を改善することを目的として、同一企業内における正規労働者との間で、基本給や賞与などの個々の待遇ごとに、不合理な待遇差を設けることを禁止する。不合理な待遇差か、または合理的な待遇差かの判断には、①職務内容、②職務内容・配置の変更の範囲、③その他の事情といった要素が考慮される（8条）。正規労働者と①職務内容、②職務内容・配置の変更範囲が同一である場合は、基本給、賞与その他の待遇のそれぞれについて、差別的な取り扱いが禁止される（9条）

教育訓練の実施、福利厚生施設の利用についても同様であり、事業主は、パートタイム・有期雇用労働者に対して、平等な取り扱いをしなければならない（11条、12条）。

また、事業主は、通常の労働者（フルタイム・無期雇用）への転換を推進するために、パートタイム・有期雇用労働者に対して、①通常の労働者を募集する場合に募集事項を周知すること、②通常の労働者の新たな配置を行う場合に希望聴取を行うこと、③通常の労働

者への転換のための試験制度を実施することのうち、いずれかを講じなければならない（13条）。

なお、労働契約法18条は、有期雇用契約を締結し、その更新によって勤続5年を超えたパートタイム・有期雇用労働者については、本人が希望すれば「期間の定めのない契約」、すなわち無期雇用に転換できるとしている。

以上のとおり、パートタイム・有期雇用労働法は、正規労働者と非正規労働者との待遇格差を改善することを目指している。とりわけ、2018年の改正で、同一労働または同一価値労働に従事する労働者には同一の賃金を支払われなければならないという、いわゆる「同一労働同一賃金」に関する規定（上述の8条、9条）が定められた意義は大きいと考えられる。

年齢を理由とする差別の禁止

雇用上の差別としては、男女差別や雇用形態差別がよく話題になるが、年齢差別も大きな問題である。労働者の新規募集の際に設定される年齢上限や、職場内の定年制は、ごく一般的な雇用上の慣行ないし制度であるが、それらは年齢という基準のみで労働者を別異に処遇するものである。最近まで、これを差別としてとらえる観点はほとんどなかった。この背景には、年齢という基準が、人々を区別するのに適した、合理的な基準であるという想定が存在する。たとえば、①誰もが等しく年齢を重ねるという点で、年齢は平等な基準であること、②年齢は人の身体的・精神的状態や経験・能力を示す指標となりうることが指摘される。このようなことにより、年齢を基準とした取り扱いには合理性があるとして、一般的に受け入れられてきた。

しかし、働く意欲と能力がありながら、年齢のみを理由に、一方

的に就労機会が奪われるとすれば、それは勤労権や生存権の侵害と考えられないだろうか。また、少子高齢社会となった日本においては、労働人口の減少や公的年金支給開始年齢の上昇に対応するために、高齢者の雇用促進が必要であり、そのためにも雇用上の年齢制限はなくすべきであるともいえよう。現在、日本においては、雇用上の年齢差別の撤廃に向けて、いくつかの法律が存在している。

　まず、2018年の「働き方改革関連法」の成立により、雇用対策法の名称が「労働施策総合推進法」（労働施策の総合的な推進並びに労働者の雇用の安定及び職業生活の充実等に関する法律）へと変更されたが、同法は、引き続き、労働者の募集・採用の際に年齢条件を付けることを原則として禁止する規定を定めている（9条）。ただし、この年齢制限禁止原則に対して、例外的に年齢制限を行うことができる場合として、厚生労働省令は、①長期勤続によるキャリア形成を図る観点から、若年者等を募集・採用する場合、②技能・ノウハウ等の継承の観点から、特定の職種において労働者数が相当程度少ない特定の年齢層に限定して募集・採用する場合、③芸術・芸能の分野における表現の真実性等を確保する要請がある場合、④高齢者の雇用の促進を目的として、特定の年齢以上の高齢者（60歳以上）である労働者の募集・採用を行う場合を挙げている。

　次に、定年制に関して、現在の日本の法政策は、定年制の存在を前提としつつ、それを超えて高齢者の継続雇用を促進していく方向で展開されている。高年齢者雇用安定法は、事業主に、定年年齢を定める場合には60歳以上とすることを義務づけ（8条）、さらに65歳からの年金支給開始に対応するため、65歳までの高年齢者雇用確保措置をとることを義務づけた（9条1項）。具体的には、①定年年齢の引上げ、②継続雇用制度の導入、③定年制の廃止のいずれかを

とるものとする。このうち、もっとも多くの職場で採用されているのが、60歳から65歳までの継続雇用制度である。事業主は、希望者全員の継続雇用が義務づけられている。

　一方、現時点で定年制の廃止を選択する職場はきわめて少ない。しかし、法律上ではじめて「定年制の廃止」という選択肢が明示された意義はけっして小さくない。年齢に関わりなく働く意欲と能力のある者が自由に働ける社会が理想である。この規定は、その可能性を示すものと評価できる。まだ時間はかかるかもしれないが、将来、日本でそのような社会が実現するかもしれない。

第 9 章　生存権と生活保護制度

トピック
　はたらけど
　はたらけど猶わが生活楽にならざり
　ぢつと手を見る　　　　　　　　　（石川啄木『一握の砂』）
　現代のワーキングプア（働く貧困層）の問題は、明治の詩人の一首が過去のものでないことを物語っている。
　自助努力で生活できない人には、憲法の生存権保障（25条）を受けた生活保護法の定める基準に従って「健康で文化的な最低限度の生活」に必要な費用等が給付される。しかし、受給者が、高齢や病気による生活不安に備えるため、一部を貯金したところ、受給費を減らされたり、支給にあたって、すでに備え付けてあったクーラーの撤去を条件とされたケースも見られた。働かずに（「働けずに」というほうが適切であろうが……）支給を受けている以上、支給条件を充足しているかについての厳正な評価は必要だが、上のケースは、行きすぎではないだろうか？
　もし、ワーキングプアが稼げる収入が、生活保護受給費よりも低ければ、働いて生計を維持する意欲も失せてくる。まさにモラル・ハザードである。

考え方
　第2次世界大戦後制定された主要な国の憲法の特徴として、「生存権」の保障規定がある。日本国憲法も25条で、これを保障している。ただし、「健康で文化的な最低限度の生活を営む」「権利」といっても、具体的な内容は明確ではなく、実際には、同条の規定の精神や目的を尊重しつつ、国がその基準を法令等で定めることになる。しかし、「権利」である以上、その基準に逸脱するところがあれば、裁判所に救済を求めることができなければならない。

1　日本国憲法が、自助努力で生活できない人に生存権を保障している意味は？

　自由権は、国が何もしない（関与・干渉しない）ことで、権利の内容が実現される。表現の自由を例にとると、表現活動を制限するような法律を作ったり警官がデモ行進を妨げたりしないことが、表現の自由を最大限に尊重することになる。ところが、自分の力では生計を維持できない人に生存の権利を保障する場合には、国が必要な援助を積極的に行う必要がある。金銭や生活物資を給付・提供するなど進んで何かをしなければならない（関与・干渉しなければならない）のだ。そのための財源も必要となってくる。つまり、生存権は自由権とは異質な権利だともいえる。

　自由権は、フランス革命やアメリカ独立戦争などの近代市民革命後に制定された憲法で中心となるものだ。19世紀的な人権とか、第1世代の人権とかいわれる。それに対して、生存権は、20世紀的な人権で、第2世代だ。特に、ドイツのワイマール憲法（1919年）は、「人間たるに値する生存の保障」が正義の原則だと規定したことで有名だ。ただし、この規定は、個人の権利を保障したものではなく、あくまでも国の政治を行ううえでの綱領（プログラム）や政策的な指針を示すにとどまり、国に生存の確保のための法的な義務を課すものでもないと考えられていた（これをプログラム規定説という）。日本国憲法25条1項の理解に関してもかつてはそう考えられていた。

　しかし、それでは、憲法が「権利」という言葉を使って保障している意味を弱めてしまうし、また、そもそも権利として保障するところにこそ日本国憲法の目指す福祉国家（社会国家）としてのレゾ

ンデートル（存在理由）がある。そこで、今では、25条1項は、法的な権利を保障したものだとの主張（法的権利説という）が支持されている。ただしこの場合でも、抽象的な保障にとどまり、具体的な保障内容は法律の制定をまって実現されるとする考え方（抽象的権利説という）と、立法府を拘束できるくらいには具体的だから、法律がないときには法律を制定しなかった立法府の不作為（怠慢）が、違憲だと裁判所に確認してもらえるとする考え方（具体的権利説という）の2つがある。もっともこの具体的権利説も、憲法を直接の根拠として国民に具体的な請求権を認めず、また、直接裁判所に最低限度の生活の保障を求めることはできないとしているので、大差はないようにも見える。

　そこで、ホームレス生活や電気も水道もないような「最低限度の生活」以下の生活を送っていることが明らかな人が最低限度の生活の保障を求めてきた場合には、裁判所はこれに応じるべきだという説（これを給付請求権説という）も主張されるようになってきた。

2　「健康で文化的な最低限度の生活」とは、誰がどのように、何を基準にして評価するのだろうか？

　日本国憲法25条1項は、保障される生活について「健康で文化的な最低限度」とだけ述べている。きわめて抽象的だ。人によってその文化の中身や最低限定の基準はさまざまだろう。

　そこで、具体的な基準は、有用なデータを保有し、専門的・技術的な知見を持っている国（より具体的には、立法府や行政府）が、法律や政省令で定めるべきで、それがなければ裁判所に訴えても法的に

争うことはできないとの考えも出てくる。先に触れた抽象的権利説を支持する論者はそう考える。これに対して、具体的権利説を主張する論者は、「健康で文化的な最低限度」の基準は、時代に応じてある程度客観的に定められるから、裁判所によってもその具体的内容を確定できるという。

いずれの説に立つべきか、判断は想像するよりも難しい。

では裁判所は、どのように考えているのだろうか？

最高裁判所は、行政による生活扶助基準の改定処分が、生活保護法に反しているとして争われた朝日訴訟（最高裁大法廷判決1967・5・24）（ここでは、省令に基づく行政処分が法律に反しているかどうかが争われた）で、憲法25条は国の責務の宣言にとどまり、国民に具体的な権利を与えたものではないこと、生活保護法も「健康で文化的な最低限度の生活」の判断について広い行政裁量（行政の判断の幅）を認めていることから、本件で行政の判断の根拠となった扶助基準（厚生省令）はこの裁量の範囲を超える違法なものではないと述べた。これは先に触れたプログラム規定説を採用したものだ。

その後、生活保護が直接問題となったものではないが、国民年金法に基づく障害福祉年金と児童扶養手当の併給を禁じている児童扶養手当法が、憲法25条に反しているとして争われた堀木訴訟（最高裁大法廷判決1982・7・7）（ここでは、法律が憲法に反しているかどうかが争われた）では、併給の可否などの判断には広い立法裁量（国会の判断の幅）が認められること、ただし法律の規定が著しく不合理なことが明らかな場合は、25条に反すると述べることで、抽象的権利説の立場に立った。

だが、行政や国会に広い裁量を認め、裁判所が最低限度の基準を確定していないという点では、どちらの説を取るかにそれほど大き

第9章　生存権と生活保護制度　113

な違いはない。

　抽象的権利説に立つ学説の中には、憲法25条とそれを受けて制定された生活保護法（3条で憲法とほぼ同じ規定を置いている）とを一体的にとらえて、権利を保障しようとするものもある。憲法の理念や精神を具体化する法律の制定は、憲法の想定するところだが、「憲法」と「法律」の一体化は、両者の違いを前提に憲法の最高法規性を尊重する立憲主義の考え方からすれば、安易に賛成しがたいところでもある。

　「健康で文化的な最低限度の生活」といっても抽象的だし、予算上の制約もあることは理解できる。しかし、たとえば、裁判所の関与の可能性を開く生存権を具体化する法律や政省令がないときに、最低限度の生活以下の生活を送っている人は、給付請求権説のいうように、例外的に、憲法に基づいて具体的な給付を求めることができると考えてもよいかもしれない。

3　現在の生活保護制度は、どのような仕組みになっているのだろうか？

　憲法25条2項は、「国は、すべての生活部面について、社会福祉、社会保障及び公衆衛生の向上及び増進に努めなければならない」と規定している。これは、国民の権利として生存権を保障している1項に対して、社会保障制度の整備が国の責務であることを述べたものだ。

　社会保障には、社会保険と公的扶助の2つがある。

　社会保険とは、国民健康保険のように国民があらかじめ保険料を納め、条件が満たされれば支給を受けるものだ。保険料の払い込み

が強制的であることを除けば、仕組みは民間の保険と変わらない。

　他方、公的扶助とは、こうした保険料の支払義務はなく、扶助の必要な場合には、公金（税金）がその費用に充てられるものをいう。生活保護制度は、公的扶助の代表例だ。

　生活保護については、生活保護法という法律が定めている。この法律の目的は、憲法25条の理念に基づき、国が困窮する国民に、最低限度の生活を保障するとともに、その自立を助長することだ（1条）。要件を満たす国民に対する保護の無差別平等性（2条）、健康的で文化的な最低限度の生活水準性（3条）、そして保護の補足性（4条）が基本原理となっている。

　保護の補足性原理から、生活保護を受給するには、申請者が利用できる資産、能力その他あらゆるものを、最低限度の生活の維持のために活用することが要件とされる（4条1項）。つまり、預貯金があればそれを利用し、ローン付きの住宅を持っているような場合には売却して生活費に充てなければならないし、労働が可能なら働いて収入を得なければならないわけだ。また、保護の受給権は個人の権利であるにもかかわらず、直系血族や兄弟姉妹など民法の定める扶養義務者（民法877条）がいる場合には、この義務者による扶養が国による生活保護に優先されもする（4条2項）。

　提供される扶助には、生活、教育、住宅、医療、介護、出産、生業そして葬祭の8つがあり（11条1項）、必要に応じて、併給される（同2項）。生活保護を受けている家庭は、住民税や国民年金保険料や入院治療費も免除され、自治体によっては、上下水道代やNHK受信料を払う必要もない。こうした保護は、世帯単位で行われる（10条）。決定された保護は、正当な理由がない限り、不利益に変更されることはない（56条）。

第9章　生存権と生活保護制度　115

　保護費は、厚生労働大臣が定める基準で計算される最低生活費と収入を比較して、収入が最低生活費に満たない場合に、最低生活費から収入を差し引いた差額として計算される（8条1項）。つまり働いて得た収入の分だけ額が減る仕組みになっている。

　生活保護の基準は、保護を必要とする人の年齢、性別、世帯構成、居住地域そして保護の種類を考慮して、最低限度の生活に必要かつこれを超えない範囲で定められる（8条2項）。生活費がもっとも高い東京23区の生活扶助を例にとると、夫婦子1人世帯（30代夫婦、子3〜5歳）で15万2900円、高齢夫婦世帯（65歳夫婦）で12万900円である（2024年度）。これらに、受給者の状況によって、別の扶助や加算（たとえば母子家庭への児童養育加算や母子加算）がプラスされる。

　不正受給を防ぐため、保護を行う機関は、保護を受ける者や扶養義務者の資産や収入の状況について官公署に必要な書類・資料の提供を求めたり、銀行や雇主に報告を求めることができる（29条）。また、不正に受給した者には、不正受給額の返還が求められたり（63条）、徴収が行われることもある（78条）。もちろん、場合によっては、罰則（3年以下の懲役または100万円以下の罰金、85条）が適用されたり、刑法上の詐欺罪（10年以下の懲役、刑法246条）に問われることもある。

4　真夏にクーラーが使えなかったり、僻地での生活に必要不可欠な軽自動車を持てないような生活は、「健康で文化的な最低限度の生活」といえるだろうか？

　ところで、次のようなケースもあった。生活保護を受けている老

夫婦が、急な病気や老後の不安から、爪に火をともすような切り詰めた生活をして支給額から貯金をしたところ、貯金額分が減額された（約81万円の貯金中、約27万円を収入として減額）。受給者は入院治療費も必要なければ、そもそも支給費は、最低限度の生活の需要を満たすに十分でかつこれを超えないものである（生活保護法8条2項）から貯金などありえないというのが行政側の理由だった。この事件で裁判所は、生活保護費を元にした預貯金は、「被保護者が最低限度の生活を下回る生活をすることにより蓄えたものということになるから、本来、被保護者の現在の生活を、生活保護法により保障される最低限度の生活水準にまで回復させるためにこそ使用されるべきものである。したがって、このような預貯金は、収入と認定してその分保護費を減額」すべきでないと述べ、保護費の減額処分を無効とした（秋田地裁判決1993・4・23）。2004年には最高裁も、支給された生活保護費を節約した貯蓄の可能性を指摘したうえで、子どもの高校進学のための学資保険として保護費から毎月3000円を15年間積み立てた貸付弁済金精算後の満期払戻金約45万円を「収入」と認定し保護費を削減した市の処分を違法とした（2004・3・16）。この判決では、高校進学は、生活保護法の「最低限度の生活」に含まれていないと主張した市側に対して、最高裁は、高校進学率が上昇していること、進学によってより適切な就職ができること、これによって受給者家族の経済的自立が有意義になることを考慮している。

　また、保護を申請した79歳の老人が、受給条件として、受給前に設置していたクーラーが贅沢品だとの理由で取り外しを求められた結果、真夏に脱水症状で倒れた事例もあった。車がなければ仕事にも行けなければ日常の生活物資を手に入れることもできない僻地に住む人に、保有する軽自動車の処分が求められたケースもあった。

法や基準は、平等性と正当性を保ち、信頼性を確保するために厳正に適用されねばならないが、あまり杓子定規になると、かえって現実にそぐわなくなる場合もある。不正に受給する者を排除するのは当然だが、上の事例は保護の実態への配慮に欠けるものとはいえないだろうか……

ところで、生活保護受給者数は、2024年4月時点で約201万人（約165万世帯）いる。保護率は、1.62%（人口100人当たり）で、内訳としては、高齢単身世帯が51.5%、障害者・傷病者の世帯が24.9%となっている（2024年7月3日厚労省プレス・リリース）。こうした数値からは、高齢化や単身化の進行、健康状況の影響が読み取れる。また、申請者数は、新型コロナが感染拡大した2020年から4年連続で増加している。生活保護に係る国庫負担金も、2024年度で約2兆8000億円となっている。

生活保護費の原資は税金であり、財源も限られている以上申請条件や窓口での審査が厳しくなり、受給者が減ることも考えられる。これが度を過ごすと、最後のセーフティ・ネットといえる生活保護制度の根幹が揺らぎ、福祉国家の後退に通じかねない。

5 ところで、生活保護支給額より少ない給料で生活する人が出てきた場合、これをどう理解すればいいのだろうか？

景気の後退や非正規労働者の増加など雇用形態の多様化もあり、ワーキングプアの問題がクローズアップされてきた。

厚生労働省の定義によれば、ワーキングプアとは、「賃金収入が、最低生活費以下の労働者」をいうとされ、年収192万未満の人が該

当するとされる（厚生労働省「非正規労働者データ資料〔修正〕）。

　労働者の賃金については、最低賃金法という法律が定めている。この法律は、最低賃金を保障することで、労働者の生活の安定、労働力の質的向上、事業の公正な競争の確保、国民経済の健全な発展への寄与を目的としている（1条）。

　では、同法の定める基準に従って、最低賃金で働けばどのくらいの収入を得ることができるのだろうか？

　最低賃金の最も高い東京都の最低賃金（時給）は1163円（2024年10月1日現在）だ。これで1日8時間、月20日働くとして、月収は18万6080円となる（年収にして、223万2960円）。

　ここから、税金、健康保険料、厚生年金保険料等が引かれ、家賃や食費を支出することになる。

　他方、東京23区の独身男性の生活保護受給費は2024年度で、月額約13万円だ（冬季加算や期末一時扶助を除く）。先に触れたように、生活保護受給者は、住民税や国民年金保険料、さらに自治体によっては上下水道料等を払わなくてすむことを考えれば、最低賃金で働いている人の中には、収入がない人の生活保護受給費よりも低い生活費で生活しなければならない人が出てくることも考えられる。実はこうした「逆転現象」（最低賃金による収入が生活保護の給付水準を下回る事態）は、2012年まで、たびたび生じていた（たとえば、2012年は、北海道、宮城、神奈川、青森、埼玉、千葉、東京、京都、大阪、兵庫、広島の11の都道府県）。

　最低賃金法は、労働者の生計費の算定にあたって、「健康で文化的な最低限度の生活を営むことができるよう、生活保護に係る施策との整合性に配慮する」（9条3項）ことを求めている。にもかかわらず、こうした逆転現象を放置すると、働く意欲が消え失せ、モラ

ル・ハザードも起きかねない。これは、税収を歳入（国の収入）の中心に据えている国の財政の破綻にも通じてくるものだ。

では、こうした状況をどのように理解すればよいのだろうか？

まず、こうした逆転現象が生ずることで、生活保護受給者を非難することは的外れということである。憲法が生存権を保障するということは、これまで家族や宗教団体、慈善団体が担っていた保護に代わって国がその責任を負うという意味である（いわゆる「福祉国家」）。非難の矛先は、最低賃金を引きあげず歪んだシステムを放置している国にこそ向けられなければならない。

とすると、生活保護は「最低限度」の生活の保障である以上、社会全体の生活費が減少するような場合は別だが、支給費を減額することは、憲法や生活保護法の理念や規定に反することになるし、その額を下回るような最低賃金の設定もまた「最低限度の生活」を営む権利の侵害となりえるだろう。

生活保護受給額をめぐっては、物価の下落などを反映する形で2013年度から段階的に引き下げられてきたことから、受給者がその引き下げの取り消しを求める裁判を起こしたことがある。裁判所の中には、国の判断過程や手続きの誤りや欠落を指摘し（受給世帯の消費構造を反映しない家計調査が基礎にされたり、下落率が過大に評価されているとする）、厚生労働大臣の裁量権の行使に逸脱・濫用があり、最低限度の生活水準を保障する生活保護法に違反するものとして、受給者の訴えを認めたものがある（たとえば、東京地裁2024・6・13）。

6　最低生活費に税金を課すことは、生存権の
　　侵害とはいえないだろうか？

　もう1つ問題がある。給与所得のうちある金額までは所得税が課されない給与収入のことを「課税最低限」という。この課税最低限を低く設定すれば、たとえば、最低生活費（収入がない人への生活保護支給額）以下に設定すれば、給与生活者は、「最低限度の生活」以下の生活を余儀なくされる。ワーキングプアである。

　こうした生活保護支給費を下回る収入への課税は、生存権を侵害するものとはいえないのだろうか？

　最高裁判所は、労働組合団体が、所得税の課税最低限が低すぎて、低所得者の生存権が侵害されていると争った総評サラリーマン税金訴訟（1989・2・7）で、憲法25条の趣旨について「具体的にどのような立法措置を講ずるかの選択決定は、立法府の広い裁量にゆだねられており、それが著しく合理性を欠き明らかに裁量の逸脱・濫用と見ざるをえない場合を除き、裁判所が審査判断するのに適しない事柄である」と判決した。

　たしかにどのように課税するかについては、憲法の租税法律主義（30条、84条）の下で、一般に、国が広い裁量権を持つものといえるが、生存の維持に必要不可欠な財産（所得）（これは、収入がない人への生活保護支給額に相当するものと考えるのが筋であろう）にまで課税することは、この判決にいう「著しく合理性を欠き明らかに裁量の逸脱・濫用」として、違憲の疑いが強いものとなるだろう。

　ところで、先の生活保護費の支給額が争われたケースは、最低生活に必要な支給を国が積極的に行わないことが憲法に反するかを問

うものであった。裁判では、不足額分を給付せよと求めることになる。しかし、今回のケースは、収入（財産）に国が税金を課した結果、最低限度の生活ができなくなることが憲法に反するかを問うものだ。裁判では、余計に税金を徴収した処分の取り消しを求めるか、国家賠償としてとられすぎた税金の返還を求めることになるだろう。生存権には、最低限度の生活の維持に関して、このように社会権的側面（前者のケース）と、自由権的側面（後者のケース）があるのだ。

7　これからの少子超高齢社会の社会保障制度は、どのような制度設計になるのだろうか？

　憲法25条2項でも言及される社会保障制度の中で中心を占めるのが年金制度である。これは、世代間の負担の順送りで成り立っている。つまり、働ける若い世代が高齢者世代の年金を負担し、自分が高齢者世代になると若い世代に負担してもらう。働ける若い世代の人口が多く、高齢者人口が少なければ負担も少ない。しかし、少子超高齢社会（国連とWHOの定義では、総人口に占める65歳以上の人口〔老年人口〕の割合が、7％以上で高齢化社会、14％以上で高齢社会、21％以上で超高齢社会とされる。日本は2007年に超高齢社会に入った）では、その逆となる。出生率の改善が進まないと、2050年には、65歳以上の高齢者1人を支える20歳〜64歳の人数は1.3人にまで減少するとの試算もある（いわゆる「肩車型」負担）。これでは、あまりにも負担が大きすぎて、生活が苦しくなる。そこで、年金支出を抑えるために、受け取れる年齢を遅らせたり、額を減らす必要が出てくる。それでも、世代によって納めた額と比べて受け取れる額に格差が出て

くる。いわゆる世代間不平等だ。年金保険料を納めたくない若者も出てこよう。これでは、年金制度は破綻する。しかも、受け取れる年金自体で、最低限度の生活ができなければ生活保護制度に頼ることになる。国の支出も雪だるま式に増えていく。

　日本国憲法が保障する生存権の確保には、正直言って多くの財源が必要だ。今われわれは、憲法の理念を尊重したうえで、少子超高齢社会の現実を直視し、ワークライフバランスにも配慮しつつ、しっかりと将来を見据えた財源の確保と社会保障制度の全体的な見直しの時期、それも待ったなしの崖っぷちに立っているといえるだろう。

コラム—— 一院制と二院制のどちらを選びます？

　デモクラシー（民主制）を標榜する国には、議会があるのが普通だ。議会は通常、一院か、二院で構成される。先進国グループといわれる OECD（経済協力開発機構）加盟35か国を見ると、16か国が一院制を、19か国が二院制を採用している。その差は思ったほど大きくない。世界全体では一院制が圧倒的に多い（一院制採用国116か国、二院制採用国77か国、いずれも2016年10月現在）。二院制については、歴史的に「第二院が第一院に反対すれば有害で、賛成すれば無用である」（アベ・シェイエス：フランス革命期のリーダーの１人）と批判されてもきた。ただし、この制度が採用されたのは、権力分立制の考え方が、議会にも及ぼされたからだ。一院だけならば、他の権力に比して力が強くなりすぎるのである。アメリカの政治学者の A. レイプハルトは、①人口が多い、②多民族国家である、③連邦制を採用している、のうちいずれか２つに当てはまることを二院制の採用条件としている。明治憲法は、二院制（貴族院と衆議院）を採用していた（33条）。日本国憲法も二院制（衆議院と参議院）だ（42条）。ただし、マッカーサー草案では、一院制が採用されていた。一院制のほうがシンプルと考えられたのである。戦後、参議院でも政党化が進み、衆議院のカーボンコピーとか盲腸とか揶揄されることもあったが、野党が多数の参議院

第9章 生存権と生活保護制度 **123**

では、政府・与党の意向が通りにくくなり、文字通り、権力の「均衡と抑制」が働いてくるといえなくもない。がしかし、党利党略が優先されて、国政が停滞する事態が生じないでもない。行政権が優位する現代型の統治システムの中で、それをコントロールすることが重要になってくると、衆議院対参議院ではなく、議会対行政府の「抑制と均衡」を中心に据え、二院制の見直しを視野に入れることはタブーではない。仮に一院制に移行するとしたら、憲法の改正が必要だが、そのためには、廃止されるほうの院の賛成が必要となる（96条）。自刃して果てる「武士（もののふ）」的改正を国会の殿上人たちはできるだろうか？

第10章　死刑制度の法と課題

トピック

　わが国は死刑制度を保持している。2024年9月時点で108名の死刑確定囚がいたのである。しかし、そのうちの1名、袴田事件（1966年発生）の確定囚は事件から58年後の2024年10月9日に再審での無罪判決が確定している。無罪判決を示した静岡地方裁判所は、被疑者の自白、証拠物が捜査機関による「ねつ造」と判断していたのである。

　死刑はたった1つしかない生命を奪う刑罰であり、諸外国では人道上の見地から死刑を廃止したり、死刑執行を停止したりする国もある。袴田事件のように冤罪の危険性もある。その反面、被害者遺族からは加害者への重罰を望む声は強く、2019年に内閣府が行った世論調査においても、「死刑もやむを得ない」を支持した者の割合が80％を超えていたのである。裁判員制度により、18歳以上の国民が殺人事件の裁判を担当し死刑判決を下す可能性もある現在、最高裁判所自身が「究極の重罰」と呼ぶ死刑制度を維持すべきかどうか、考える機会ではないだろうか？

考え方

　どのような行為が犯罪であり、どのような刑罰が予定されているかは、法律によってあらかじめ定められており、死刑となる犯罪、死刑執行に至る手続も法定化されている。現行法上、犯行時18歳以上であれば死刑判決が下される可能性がある。また、どのような場合に死刑となるのかについて、最高裁判所は「永山基準」と呼ばれる要件を示しており、刑事裁判において適用されてきている。死刑制度の犯罪抑止力、極刑を望む被害者感情と生命尊重の理念、冤罪の危険性等を総合的に考慮し、死刑制度を維持するか廃止・停止するか、われわれ国民が真摯に考えるべき問題といえる。

1 犯罪と刑罰の内容は法定化されている

　他人の生命を奪う行為、他人の物を盗むことが社会的に許されないことは自明である。しかし、同じように生命を奪う行為といっても、故意に人を殺した場合（殺人罪、刑法199条）と傷害を負わせた結果死なせた場合（傷害致死罪、刑法205条）、交通事故によって歩行者を死なせた場合（過失運転致死罪、自動車運転処罰法5条）、あるいは過失により人を死亡させた場合（過失致死罪、刑法210条）とでは行為の類型が異なる。その結果具体的な処罰の内容も異なり、殺人罪では最高刑が死刑となるが、過失致死罪では50万円以下の罰金であり、被害者が亡くなったという結果が同じであるにもかかわらず、その刑罰には大きな開きがある。どのような反社会的行為（犯罪）に対して、どのような懲らしめ（刑罰）を与えるのか、あるいは与えるべきであるのか、重要な法的問題といえる。

　犯罪と刑罰に関して、まず重要な理念が罪刑法定主義である。罪刑法定主義とは、あらかじめ法律によってどのような行為が犯罪となるか、そしてどのような刑罰が予定されているのかを定めることである。罪刑法定主義の憲法上の根拠としては、「生命、自由及び幸福追求に対する国民の権利については、公共の福祉に反しない限り、立法その他の国政の上で、最大の尊重を必要とする」とする日本国憲法13条後段、あるいは、「何人も、法律の定める手続によらなければ、その生命若しくは自由を奪われ、又はその他の刑罰を科せられない」とする憲法31条が挙げられる。

　このうち憲法31条は、一見すると刑罰を科す手続を法律で定めるように指示しているだけのようにも思われるが、犯罪と刑罰の内容

第10章　死刑制度の法と課題　127

の法定も求めていると解釈されている。このような罪刑法定主義により、われわれはどのような行為が犯罪となり、また、犯罪行為の結果有罪となった場合にどのような処罰が予定されているかについて、あらかじめ知ることができる。また、罪刑法定主義は、処罰対象を法に違反した者に限定することで、国家が刑罰権をむやみに用いることを防止できる。さらにこのような罪刑法定主義には、犯罪と刑罰のバランスに関するルールも組み込まれていると理解されている。すなわち現代社会では犯罪の重大性や悪質性に比例して刑罰を科すことが求められる。江戸時代に見られたような窃盗罪に死刑を科すことは現代では憲法違反と考えられる。

　刑法は、犯罪や刑罰の内容について定める代表的な法律である。刑法には2つの役割がある。まず、刑法は社会の秩序を守る機能を果たす。犯罪者を処罰し犯罪を抑止することにより、国民の生命、自由、財産が保護されることになる。同時に刑法には国民の人権を保障する機能も備わっている。われわれは法が定めている犯罪以外の行為を行っても処罰されることはない。また、有罪判決を受けたとしても、法によって定められている以上の刑罰を科されることはない。

　しかし、そもそもなぜ犯罪者に刑罰を科すのか。刑罰には2つの目的があり、まず、犯罪者が行った犯罪に対する報いとしての役割がある（応報刑主義）。応報である限り、犯した罪と刑罰とは均衡している必要がある。応報刑主義は犯罪を行えば処罰されることを一般に知らせ、その結果として犯罪を抑止する目的を持つともいえよう。次に、刑罰には犯罪者を教育し、更生させて社会に戻す役割を果たす（教育刑主義）。この場合、刑罰に犯罪者の再犯を防ぐ効果が求められることになり、犯罪者の生命を奪ってしまう死刑の評価に

問題を残す。一般的には応報刑主義と教育刑主義は両立可能と考えられているが、2025年6月1日に施行される改正刑法では、受刑者の社会復帰と再犯防止を目的として、従来の懲役刑、禁錮刑を拘禁刑へ一本化しており、更生のための教育刑主義的方向と解される。

現行の刑罰には生命刑、自由刑、財産刑の3種類がある。まず生命刑とは受刑者の生命を奪う刑、死刑を意味する。自由刑とは身体の自由を奪う刑のことで、受刑者を刑務所等に拘束する刑罰である。自由刑には、無期刑と有期刑があり、有期刑は1月以上20年以下である。ただし、併合罪の場合には、最大30年まで加重される。また、1日以上30日以内刑事施設に収容する拘禁刑もある。次に、財産刑とは財産を奪う刑罰であり、罰金、科料、没収の3種類がある。罰金は1万円以上、科料は1000円以上1万円未満である。なお現代では、犯罪者への入れ墨や暴力行為（むち打ち刑や百叩きの刑等）といった身体刑は禁止されている。

このように犯罪と刑罰の内容は法定化されており、われわれが選出した国会議員により構成された国会が、立法権を通じて決定している。換言すれば、犯罪と刑罰の内容については、われわれ国民の支持の下に決定されているのであり、同様に修正の可能性もある。

2　少年法の理念と最近の厳罰化傾向

犯罪や刑罰の内容に関しては主に刑法が定め、また刑罰を科すための裁判手続については刑事訴訟法が定める。しかしながら、18歳未満の未成年者（少年）と18歳、19歳の特定少年とされる者が犯罪を行った場合には、少年法によって20歳以上の成人とは異なる取り扱いを受けることがある。少年法は少年の健全な育成等を目的とし

て、少年による刑事事件に特別の措置を施すものである。そこには、少年の未熟性、可塑性への考慮が見られ、教育刑主義の理念に裏打ちされた制度となっている。

少年法は、14歳以上20歳未満の者による犯罪行為を対象とする。少年が14歳未満の場合は、殺人事件等の重大犯罪であっても、刑事責任能力はないと見なされ、そもそも刑罰の対象とはならない。犯罪を行った犯罪少年は、成人と異なり、原則として家庭裁判所に送致され、そこで少年審判を受けることになる。少年審判について少年法は、「懇切を旨として、和やかに行うとともに、非行のある少年に対し自己の非行について内省を促すもの」とする（少年法22条1項）。このため少年審判は、憲法82条が公開を命じている刑事裁判とは異なり、少年の将来の利益等に配慮して非公開で行う（少年法22条2項）。同様に、少年の氏名、年齢、職業、住居、容ぼう等の報道が禁止されている（少年法61条）。

もっともこの少年犯罪の報道禁止条項については、罰則がなく、しばしば実名報道が行われて問題となっている。マス・メディア側の表現の自由（憲法21条）の主張に対して、裁判所は、少年法の報道禁止規定が刑事被告人である少年に「実名で報道されない権利」を与えたものではなく、当然に表現の自由に優先するものではないとする（大阪高裁判決2000・2・29）。また、本人の実名と類似の仮名を使い経歴等を記載した報道についても違法ではないとしている（最高裁判決2003・3・14）。さらに、2021年の少年法改正により、特定少年については、起訴段階以後の実名報道の禁止が解除されている。

また、少年法対象者であっても死刑、拘禁刑にあたる事件で刑事処分が相当と認められれば、家庭裁判所から検察官に送致され（逆

送）、20歳以上の成人と同じ刑事裁判の対象となることがある。少年による重大事件が頻発し、また少年犯罪の被害者側から情報開示や審判への立会の要求、そして少年事件への厳罰化の要請を受けた2001年少年法の改正により、14歳以上16歳未満の少年も殺人等の場合逆送の対象となった。とくに、16歳以上が殺人や傷害致死等故意の犯罪で被害者を死亡させた場合には、家庭裁判所は原則として検察官に送致することになった。さらに、2021年の少年法改正により、特定少年の原則逆送事件が強盗罪等にも拡大された。殺人事件、傷害致死事件は裁判員裁判の対象事件となっており、国民が裁判員として少年による重大事件に関与することになったのである。

　少年法は死刑判決及び無期判決に関して特別の規定を設けており、18歳未満での犯罪行為については、死刑を宣告すべき場合には無期刑を（少年法51条１項）、また、無期刑を言い渡す場合には10年以上20年以下の有期刑を言い渡すことになっている（少年法51条２項）。ただし、少年法対象者であっても犯行時満18歳以上20歳未満の特定少年は20歳以上の成人と同じ扱いを受け、上記の少年法の特例の対象とはせずに、死刑判決を言い渡すことができる。実際に犯行時18歳であっても死刑判決を受け、執行された事例もある。このように犯行時少年法対象者であった者に対する死刑判決は、死刑制度の制度目的と少年法の理念が正面から衝突する難しい問題となる。

3　わが国の死刑制度はどのようなものか

　現在の法律で刑罰に死刑を定めているのは、刑法では、殺人罪（199条）以外に内乱罪（77条１項）、外患誘致罪（81条）、現住建造物等放火罪（108条）、汽車転覆等致死罪（126条３項）、強盗致死罪（240

条後段）等があり、さらに特別法としてはハイジャック防止法 2 条の航空機強取等致死罪等もある。そのすべてが重大犯罪であり、社会的害悪も大きい犯罪行為類型といえる。このうち「外国と通謀して日本国に対し武力を行使させた」者を処罰する外患誘致罪は、唯一刑罰が死刑しか定められていない絶対的法定刑となっている。この10年間において第 1 審での年間の死刑判決件数は、 2 名から 5 名である。また同じ期間の年間の死刑執行者数は 0 名から15名となっている。最近では2020年の 1 年間と2023年、2024年の 2 年間に死刑執行のない期間があった。いずれにせよ、この 5 年間での殺人事件の平均裁判件数は250前後であるところから、死刑は例外的刑罰と見なせるだろう。

　死刑の執行方法について刑法11条 1 項は、「死刑は、刑事施設内において、絞首して執行する」としており、同条 2 項では、「死刑の言渡しを受けた者は、その執行に至るまで刑事施設に拘置する」と定める。死刑の執行方法にも各種があるが、わが国では絞首刑を採用している。現在死刑執行施設を持つ拘置所は、札幌、仙台、東京、名古屋、大阪、広島、福岡の 7 か所である。死刑を執行する刑場の構造、絞首刑の方法について定める現行の法律はなく、明治維新直後に定められた明治 6 （1873）年太政官布告第65号が示す「絞罪器械図式」が唯一のものであるが、政府および最高裁判所は150年以上経過した現在においても法的効力を持つとしている（最高裁大法廷判決1961・ 7 ・19）。

　死刑は法務大臣の命令により執行され（刑事訴訟法475条 1 項）、大臣の命令は判決確定後 6 か月以内に下されることになっている。ただし、その 6 か月には、再審請求や恩赦の申出等がなされている場合その手続が終了するまでの期間、また、共同被告人の判決が確定

するまでの期間は含まない（刑事訴訟法475条2項但書）。実務上は、判決確定後4〜7年以降に執行されることが多いとされるが、再審請求や恩赦請求を繰り返す死刑囚の執行は延ばされる傾向にあるとされる。

　死刑執行には検察官、検察事務官、刑事施設の長またはその代理者が立ち会う。検察官または刑事施設の長の許可を得なければ刑場への入室はできず（刑事訴訟法477条）、諸外国の一部で見られるような、死刑囚の家族、被害者遺族、あるいはマス・メディアの代表者の立ち会いはわが国では認められていない。死刑執行場の公開自体が稀であり、2010年にはじめて東京拘置所内の刑場がマス・メディアの代表に公開された例があるのみである。国民代表機関である国会が法律によって維持している死刑制度について、国民に対する情報公開がほとんど認められていない点は問題である。

4　死刑制度は日本国憲法に違反しないのであろうか

　そもそも日本国憲法はこのような死刑制度を許容しているのであろうか。日本国憲法には、死刑に直接言及した条文は見当たらない。しかしながら、最高裁判所は一貫してわが国の死刑制度を憲法に違反しないものであると判断してきた。その最初の事件は、日本国憲法制定直後、母親と妹を殺害し1、2審ともに死刑判決を受けた被告人（犯行時未成年）が、死刑制度が憲法違反であり、無効な制度であると訴えたものである（最高裁大法廷判決1948・3・12）。

　まず、この事件において最高裁は、「生命は尊貴である。一人の生命は、全地球よりも重い」として生命尊重の姿勢を示す。最高裁は続けて、「死刑は、まさにあらゆる刑罰のうちで最も冷厳な刑罰

第10章　死刑制度の法と課題　133

であり、またまことにやむを得ざるに出ずる窮極の刑罰である」と
して、死刑があくまでも例外的刑罰であるとする。

　しかしながら最高裁判所は、それにもかかわらず憲法が死刑制度
を予定しているとする。まず、最高裁は「生命、自由及び幸福追求
に対する国民の権利については、公共の福祉に反しない限り、立法
その他の国政の上で、最大の尊重を必要とする」とする憲法13条に
着目し、「もし公共の福祉という基本的原則に反する場合には」、生
命に対する国民の権利といえども立法上制限、あるいははく奪する
ことも予想しているとする。さらに、憲法31条は、「何人も、法律
の定める手続によらなければ、その生命若しくは自由を奪はれ、又
はその他の刑罰を科せられない」と定めている。つまり、最高裁は、
国民個人の生命の尊貴といえども、「法律の定める適理の手続によ
つて、これを奪う刑罰を科せられることが、明かに定められている」
と解釈するのである。この結果、日本国憲法は「現代多数の文化国
家におけると同様に、刑罰として死刑の存置を想定し、これを是認
したもの」と理解されるのである。

　それでは死刑制度を維持すべき実質的理由は何か。この点につき
最高裁判所は以下のように説明する。すなわち、「死刑の威嚇力に
よつて一般予防をなし、死刑の執行によつて特殊な社会悪の根元を
絶ち、これをもつて社会を防衛」することにある。つまり、死刑判
決を受け自らの生命で償わなければならない可能性を示すことに
よって殺人等の重大犯罪を行うことを躊躇させ、そのような状況に
おいてもなお重大犯罪に走る者に対して死刑を執行することによっ
て社会を防衛する機能を果たす。このような「社会公共の福祉」目
的のために、日本国憲法は死刑制度の必要性を承認しているのであ
る。たしかに、憲法は36条において「公務員による拷問及び残虐な

刑罰は、絶対にこれを禁ずる」としているが、最高裁によれば、このような事情の下に法定化された死刑制度が「一般に直ちに同条にいわゆる残虐な刑罰に該当するとは考えられない」のである。

このように日本国憲法は、生命や自由の重要性を確認し、国家の刑罰権濫用を防止する確固たる姿勢を示しつつ、「公共の福祉」に反する犯罪行為に関して「法律の定める手続」に基づく場合、例外的に国民の生命を奪う刑罰を科すことを認めているように解される。学説の多くもこの解釈に立ち、憲法13条および31条が死刑制度を認容すると理解している。

もっとも憲法36条の「残虐な刑罰の禁止」条項は、たとえ死刑制度を容認していたとしても、現行の死刑執行方法としての絞首刑を「残虐」ゆえに違憲とする可能性はある。しかし1948年の最高裁判所は、死刑が残虐な刑罰に該当するかどうかについて、「その執行の方法等がその時代と環境とにおいて人道上の見地から一般に残虐性を有するものと認められる場合」、たとえば、「火あぶり、はりつけ、さらし首、釜ゆでの刑のごとき残虐な執行方法」であれば違憲となるが、絞首刑自体は「残虐な刑罰」には該当しないとする（最高裁大法廷判決1948・3・12）。また、絞首刑が他の方法と比較して「特に人道上残虐であるとする理由は認めらない」とも判示されている（同旨、最高裁大法廷判決1955・4・6）。

それ以降も最高裁は、死刑判決確定後30年間にわたって拘置したのちの死刑執行が「残虐な刑罰」に該当するかどうかが争われた事件において、当該拘置が死刑の執行行為に必然的に付随する前置手続として法定されており、合憲であるとしている（最高裁判決1985・7・19）。また、憲法36条以外に、最高裁判所は死刑制度が憲法9条（戦争放棄条項）に違反しないとし（最高裁大法廷判決1951・4・

18）、死刑が憲法25条（生存権）に違反しないと結論している（最高裁判決1958・4・10）。さらに、下級審ではあるが、死刑執行の当日告知が憲法13条の人格権に基づく死の時期を知る権利に違反するとの主張について、そのような権利は保障されていないとしている（大阪地裁判決2024・4・15）。

5　死刑判決に関する永山基準とはどのようなものか

　殺人罪の刑罰は死刑から拘禁刑5年までの大きな幅がある。さらに、酌量等により刑を3年以下に軽減された結果、執行猶予付き判決を受ける者もいる。令和5（2023）年度犯罪白書によれば、殺人罪により1審で3年以下の有期刑を受けた者38名中実に35名（92%）が執行猶予付きとなっている。これに対して殺人罪での拘禁刑の最高刑は無期刑である。ただし、わが国の無期刑は諸外国の一部で見られる終身刑のように生涯を刑務所に閉じ込めて自由を奪う刑罰ではない。刑法は、無期刑により10年以上服役期間を経過した場合、犯罪行為について真摯に反省している等「改悛の情」が認められれば、行政官庁（法務省に設置されている地方更生保護委員会）の処分によって仮釈放できるとする（刑法28条）。もっとも、10年での仮釈放は実務上見られず、刑法改正によって有期刑の最高期間が20年となったこと等も受けて、この数年無期刑の仮釈放までの期間は25年から35年を超えている。それでも、殺人事件の被告人にとって死刑と無期刑は、自己の生命に関わる点で甚だしく異なる刑罰となる。

　それでは裁判所はどのように死刑判決と無期刑判決を使い分けているのであろうか。この点で重要なのが、永山事件と呼ばれる殺人事件に関して最高裁判所が示した基準、いわゆる「永山基準」であ

る（最高裁判決1983・7・8）。永山事件とは犯行時19歳3か月の永山則夫による拳銃を用いた強盗殺人事件で、被害者の数は4名であった。社会を騒がせた凶悪な殺人事件であり、被害者遺族の加害者に対する感情も厳しいものがあった半面、加害者が当時の少年法対象の未成年者であり、また、幼少時より家庭が崩壊し、極貧の中で成長していた点、裁判期間中を通じて反省の意を示していた点等に情状酌量の余地があり、拘留中に自身に関する随筆、小説等を執筆する等して社会との関わりを維持したために、裁判の行方は大きな関心を集めていた。

　永山事件では、1審の東京地裁は死刑判決を下したものの、2審の東京高裁は、被告人の生育状況や反省の度合い、犯行時未成年であった点を強調して無期懲役とした。これに対して最高裁判所は死刑を下すべき基準を示し、当該基準に基づいて裁判をやり直すよう高裁に事件を差し戻した。最高裁判所は、死刑の選択が許される場合として、①犯行の罪質、②動機、③態様ことに殺害の手段方法の執拗性・残虐性、④結果の重大性ことに殺害された被害者の数、⑤遺族の被害感情、⑥社会的影響、⑦犯人の年齢、⑧前科、⑨犯行後の情状等を併せ考察したとき、その罪責が誠に重大であって、罪刑の均衡の見地や一般予防の見地からも極刑がやむをえないと認められる場合としたのである。

　最高裁判所が示した基準は、死刑をあくまでも例外的刑罰と見なしてはいるものの、9つの要素の衡量の仕方、具体的数値等は示されていない。結局永山事件においては、差し戻し審の東京高裁がこの基準に基づき死刑判決を下し、最高裁もその判断を支持したのである。また、その後未成年者（18歳1か月）が加害者となった光市母子殺人事件において最高裁判所は、犯行時の年齢を「死刑を選択

第10章　死刑制度の法と課題　137

するかどうかの判断に当たって相応の考慮を払うべき事情ではあるが、死刑を回避すべき決定的な事情であるとまではいえず、本件犯行の罪質、動機、態様、結果の重大性及び遺族の被害感情等と対比・総合して判断する上で考慮すべき一事情にとどまる」とし、年齢や犯行の計画性を問題視して無期懲役とした広島高裁判決を破棄している（最高裁判決2006・6・20。のちに死刑判決が確定）。また被害者の数が1名であっても、その他残虐性などの要素に基づいて死刑判決が下されることもあり（最高裁判決2008・2・29）、永山基準の死刑判断基準としての意義が問われはじめている。

6　死刑制度の今後について考えよう

　死刑制度を続けるべきか廃止すべきかについては長年の議論が見られる。2019年に行われた死刑をめぐる政府の世論調査では、「死刑もやむを得ない」を支持する者が80.9%であった。このような数字等を根拠に、現在でも死刑制度は維持され続けている。死刑制度を存置すべきとの根拠の1つに、肉親等を奪われた被害者感情の問題があろう。平成8（1996）年版の犯罪白書で表された被害者遺族の処罰感情では、調査対象総数382人中280人（73.3%）の被害者遺族が加害者を死刑に処する希望を表明している。また、283人中200人（84.0%）が加害者の社会復帰に反対すると述べており、社会復帰を容認する者は14人（5.9%）にすぎなかった。たしかに理不尽な犯罪行為により肉親を突然に奪われた被害者の感情は、死刑制度について検討する際に重要な要素となりうる。犯罪被害者の刑事裁判上の諸権利については、近年の法改正によって整備されつつあるが、犯罪被害者給付金のうち遺族給付金の額が最高額で約3000万円

にすぎない点等依然として不十分であり、さらなる改善が求められよう。もっとも、永山基準を厳格に用いれば、被害者の処罰感情も総合的に判断されるべき要素の1つにすぎず、この1点のみでの死刑判決は回避されるべきであろう。

これに対して、死刑制度の最大の問題点と指摘されるのは、冤罪の可能性である。もし死刑執行後の再審（裁判のやり直し）において無罪判決が確定した場合、補償は金銭補償のみである。憲法40条は「何人も、抑留又は拘禁された後、無罪の裁判を受けたときは、法律の定めるところにより、国にその補償を求めることができる」とする。それを受けて刑事補償法4条3項前段は、「死刑の執行による補償においては、三千万円以内で裁判所の相当と認める額の補償金を交付する」としている。現在までに、最高裁判所で死刑判決が確定後、死刑執行以前の再審によって無罪となった者が5名もいる。すなわち、免田事件（発生1948年、無罪確定1983年）、財田川事件（発生1950年、無罪確定1984年）、松山事件（発生1955年、無罪確定1984年）、島田事件（発生1954年、無罪確定1989年）、そして袴田事件（発生1966年、無罪確定2024年）である。このような新憲法制定後間もない時期に発生した冤罪事件については、被疑者の人権に対する無配慮、自白偏重の傾向等旧憲法時代の捜査活動の影響が残っていたためとの評価もある。しかしながら、足利事件（再審無罪確定、宇都宮地裁判決2010・3・26）、東京電力社員殺人事件（再審無罪確定、東京高裁判決2012・11・7）等無期懲役事件ではあるが当時最新のDNA型鑑定結果に基づいた有罪判決が下されたにもかかわらず、後の再審によって新たなDNA型鑑定を証拠として無罪判決が確定した例に示されるように、現在においても冤罪の危険性は残っている。

死刑を合憲とする最高裁判決が下された1948年当時には、「現代

多数の文明国家」が死刑を用いていたのは事実である。しかし、1989年に国連が死刑廃止条約を採択し（1992年発効。日本は未批准）、「現代多数の文化国家」の多くが死刑を廃止、あるいは執行を停止している状況の中で、先進国としての地位を誇るわが国が現状のまま死刑制度を維持すべきかどうか、慎重に議論すべきであろう。とくに、死刑制度そのものに最高裁判所がいうところの「威嚇力によって一般予防をなす」効果があるのかどうか、また、憲法が死刑制度を予定するものとしても、死刑を残す諸外国の多くが放棄した絞首刑について現代的視点で残虐ではないといい切れるかどうか、再検討が必要である。1948年の最高裁判決自身、「死刑制度は常に、国家刑事政策の面と人道上の面との双方から深き批判と考慮が払われている。……死刑の制度及びその運用は、……常に時代と環境に応じて変遷があり、流転があり、進化が遂げられてきた」としていた。現代の社会と環境を吟味し今後の死刑制度について考えるためにも、まず、国民の判断材料となるよう死刑制度に関する情報公開がより一層求められよう。

コラム

　2024年12月現在、世界199か国中、すべての犯罪について死刑を廃止している国がEU諸国、オーストラリア、アルゼンチン等112か国、事実上の戦闘行為を除き通常の犯罪について死刑制度を廃止した国がブラジル、イスラエル等9か国、死刑制度自体は残るが死刑執行が事実上停止されている国としてロシアや大韓民国等23か国があり、全体の約3分の2を超えている。これに対して、日本、アメリカ、中国、インド等55か国が死刑制度を維持し、死刑執行も行っている。

第11章　外国人の人権

トピック

　国境を越えた人の移動が頻繁になり、外国人がお隣さんとなる時代がきた。中には何十年も定住している外国人も珍しくない。彼らは、納税をはじめ日本人と同様に社会構成員としての義務を果たしているが、日本国籍を持っていないために、選挙権を行使することもできなければ、公務員となって社会に寄与することも制限されている。国籍というメンバーシップを有しないだけで、こうした不平等な扱いをすることは正当といえるのだろうか？　外国人も人であることから、認められる人権はないのだろうか？

　外国人の中には、祖国で政治的な迫害を受けて命からがら逃れてきた人（政治難民）もいる。わが国は、そうした人たちに避難の地を提供する国際的な責務を負っていないのだろうか？

考え方

　人権保障に関する日本国憲法の第3章は、『国民の権利及び義務』とタイトルされていることから、国籍を有する日本国民が権利の享有主体であることは当然だ。しかし、ここで保障される権利は、けっして日本国民だけに限定されるものではない。それは、日本国憲法が前国家的で普遍的な性質を持つ人権を保障していると考えられること（11条、97条）や、国際法規の遵守を求める（98条2項）等国際主義の立場に立っていることからも明らかである。とりわけ、国際人権規約や子どもの権利条約等による一般的ないしは個別的な人権の国際的保障の展開を見ると、外国人にも人権の保障が及ぶと考えることが当然のように思われる。とすると問題は、どの人権がどの程度どのようなカテゴリーの外国人に保障されるのかを明らかにすることにあるといえるだろう。

1　国民と外国人は、何を基準に区別される のだろうか？

　具体的な議論に入る前に、日本国民と外国人とを区別する基準は何かについて、触れておこう。これについては、民族や文化等さまざまな基準を立てることができるだろうが、法的な基準としては、国籍の有無だ。とすると、外国人とは、日本国籍を保持しない者、つまり外国籍を有する者か、それすらも有しない無国籍者を意味することになる。

　かつて国籍は、自分の所属する国への「忠誠の証」として認識され、国籍保持者である国民には兵役義務も課されていた。逆に、国家はその国民を保護する義務を負っていた。言い方をかえると、外国人は「敵」として意識されていたのだ。国際法でいわれる「国籍唯一の原則」（人は必ず国籍を持ち、かつ唯一の国籍を持つべきであるとの原則）とは、こうした背景を有するものであった。国籍は、外国人に人権を認めないための免罪符的な働きをしてきたともいえる。

　しかし、グローバリゼーション（国際化）が進み、国際結婚や海外勤務等国境を越えた人々の交流が盛んになってくると多重国籍者（2つ以上の国籍を持つ者）も当然増えてくる。というのも、国籍の帰属に関する単一の世界基準はなく、各国は自由に誰を国民とするかを決めることができるからだ。

　わが国では、憲法10条の「日本国民たる要件は、法律でこれを定める」との規定を受け、国籍法が具体的要件について定めている。

　伝統的にみて、国籍の帰属については、血統主義と生地主義の2つの考え方がある。血統主義とは、自国民の親から生まれた子に自

第11章 外国人の人権 143

国の国籍を認める考え方であるのに対して、生地主義とは、出生地である自国で生まれた子に国籍を認める考え方である。通常は、両者を併用するのが一般的だ。わが国の国籍法は、前者を原則としている。この場合でも、父系を優先する（父系優先血統主義という）か、母系を優先する（母系優先血統主義という）かの違いが出てくる。同法は、1984年まで、生まれてくる子が日本国籍を持つためには「日本国籍の父を持つこと」を必須条件とし前者を採用していた。つまり、日本国籍の男性と外国籍の女性との間に生まれた子は、自動的に父が有する日本国籍を得られたが、逆のケースでは、母が有する日本国籍を得ることができなかったのである。これは「性別」による差別を禁ずる憲法14条に反するものといえたが、1981年当時、東京地裁判決（1981・3・30）では、「父系優先血統主義の国籍法は、性差別だが帰化で補完できる」として合憲とされていた。しかし、この判決は、帰化という代替的・補完的手段で性差別の本質を覆い隠してその違憲性が治癒されるとするような本末転倒な議論を行っていると批判できるであろうし、また、国連の「女子差別撤廃条約」に反しているとの指摘もなされ、1984年に同法が改正され、出生時に父母のいずれかが日本国民であれば日本国籍を取得できる現行の「父母両系血統主義」に改められた。

　ただし、国籍法は、法律上の夫婦でない日本国籍の男性と外国籍の女性との間に日本で生まれた子（国際婚外子）は、両親の結婚による「準正」の場合しか日本国籍を取得できないと規定することで、出生後に父から認知を受けても日本国籍を得ることができず、国籍の取得に関して区別を設けていた（旧3条1項）。最高裁判所は、2008年の大法廷判決（2008・6・4）で、この規定について、嫡出による国籍の取得と準正によるそれとの均衡を図ることで国籍法の

原則である血統主義を補完する目的は合理的だが、他の場合と比べて（日本国民である父または母の嫡出子、日本国民である父から胎児認知された非嫡出子、日本国民である母の非嫡出子、出生後準正により嫡出子の身分を取得した子は、日本国籍を取得できる）、日本国籍を取得できないとする区別を設けている点で憲法14条に違反すると判断した。これを受けて、出生後に父が認知した婚外子にも国籍が認められるように同法に修正が加えられた。

2 外国人は「十把一からげ」で扱ってよいのだろうか？

　外国人といっても、戦前に日本国籍を有し、戦後それを失った後も引き続き日本で永住資格を得て居住している在日韓国・朝鮮人（オールド・カマーといわれる）や、海外に移民した日本人の親から生まれて日本に出稼ぎにやってきたいわゆる日系人のような人もいる（ニュー・カマーといわれる）。出身国で政治的な迫害を受け、わが国を頼ってきた難民（ただし、いわゆる経済難民は除かれる）もいれば、一般旅行者もいる。こうした外国人の異なるカテゴリーを無視した議論は余りにも乱暴で、分析には耐ええない。少なくとも、永住資格を認められた永住外国人（「出入国管理及び難民認定法」上の永住者と「出入国管理に関する特例法」上の特別永住者）、永住資格は持たないものの正規の在留資格を持って定住している外国人（ただし、どのくらいの期間をもって定住といえるかについて一致した意見がある訳ではないが……）、難民、違法在留者、そして旅行者や訪問者等の一般外国人というカテゴリーに分けて、享有できる権利の可否・程度を検討していく必要があるだろう。

3 外国人にはどのような権利が保障される のだろうか？

こうしたカテゴリーに留意しつつ、外国人に保障される人権を考えていく際の準則といえるのが、「権利性質説」という考え方だ。

最高裁判所は、1978年のマクリーン事件判決（1978・10・4）で、「基本的人権の保障は、権利の性質上日本国民のみをその対象としていると解されるものを除き、わが国に在留する外国人に対しても等しく及ぶものと解すべきであ」ると述べ、この説によって判断することを明らかにした。したがって、憲法第3章で保障された人権は、権利の性質上適用可能な限り外国人にも保障されるのが原則となる。そこで、保障される権利と保障されない権利（日本国民だけに認められる権利）とを分け、前者の場合にその範囲を検討していけばよいことになる。

4 外国人に保障されない権利とは？

入国の自由　外国人は、わが国に自由に出入りできるのだろうか？

自由権はいわゆる「国家からの自由」としての性質を持ち、前国家的である自然権的な権利の中心であることから、原則としてカテゴリーを問わずすべての外国人に保障される。しかし、国家主権との関係から、入国の自由とそれに連なる在留の権利に関してはその例外と考えられている。というのも、国家は、主権の属性である「公の秩序」を維持する観点から自由裁量的に、自国の領土への外国人

の入国を拒否し、また、入国させた場合でも出国を強制できるというのが、確立した国際法上の原則とされるからである。

　最高裁も、先に触れたマクリーン事件判決で、「憲法上、外国人は、わが国に入国する自由を保障されているものではないことはもちろん、……在留の権利ないし引き続き在留することを要求しうる権利」を保障されていないと述べている。ただし、いったん正規の手続で入国が許可され、在留許可を得て居住している外国人は、わが国におけるその存在が公の秩序に対する重大な脅威となるような場合を除いて、恣意的に在留資格を奪われないものといえる。

　他方で、外国人の出国については、最高裁は、憲法22条 2 項の「外国移住の権利」を根拠に認めている（1957・12・25）。

　ここで、問題となってくるのが、正規に在留している外国人が出国後に、再入国してくる場合の取り扱いである。再入国も入国であるとの立場をとれば、一度出国した外国人に再入国の権利はないというのがロジックのようにも思える。他方で、在留外国人の出国は通常は再入国を前提とするものであるから、出国の自由を認める以上、再入国の自由もまた保障されているともいえそうである。最高裁は、日本人と結婚したアメリカ人女性が韓国への旅行を計画し再入国許可の申請をしたが、指紋押捺を拒否したことを理由に不許可とされた森川キャサリーン事件判決（1992・11・16）で、前者の立場をとった。しかし、すでにわが国を生活の拠点とし、密接な関係を築いている外国人と一般的な旅行者とを同列に置き、画一的に扱うことには違和感がある。ここではやはり、居住期間や家族関係等わが国とのさまざまな結びつきの強さ等を考慮に入れ、個別的に判断していく必要があるだろう。1991年に制定された入管特例法は、特別永住者の再入国を認めたが、そこには、わが国との歴史的、社

第11章　外国人の人権　147

会的、経済的な結びつきへの配慮があったものといえ、妥当な解決策を示したものだ。ただし、判例の立場からすれば、これは憲法上の権利を法律で保障したものとはとらえられないことになる。

社会権　外国人も国民と同様に社会保険の適用を受けたり、生活保護の申請ができるのだろうか？

　生存権等の社会権は、後国家的な権利であることから、自由権とは性質を異にする。それゆえに、社会権は、まずは各人の所属国によって保障されるのが筋とされ、国民と同様に外国人にも保障されることが当然と見なされるものではないといえる。最高裁判所も、塩見事件判決（1989・3・2）で、社会保障についての国籍要件は、国の政治的な判断に委ねられており、財源の限られた中で福祉的な給付を行う際に、自国民を在留外国人よりも優先的に扱うことは許されると判断した。

　ただし、永住者等の一定のカテゴリーの外国人を国民と等しく取り扱う法律を定めることは憲法に反するものではない。むしろ、財政事情等の許す限り保障の範囲を広げることは国際主義に立脚する憲法の理念にも合致するし、差別禁止や内外人平等取り扱いの原則を定める国際的な取り決め（たとえば、1966年の国際人権規約 A 規約 2条 2項や1951年の難民条約 4章）の求めるところでもある。

　社会保険における国籍要件については、従来から、拠出制のもの（国民健康保険や雇用保険等）には求められていなかったものの、無拠出制のもの（国民年金、福祉年金、児童扶養手当等）については必要とされ、日本国民だけが対象とされていた。しかし、1981年の難民条約への加入に伴って、こうした国籍要件は撤廃された。

　ただし、生活保護法は現在でも対象者を「国民」に限定している（1条）。最高裁は、この規定を根拠に、永住外国人は国民に含まれ

ず、日本人と同様には生活保護の適用対象とならないこと、すなわ
ち生活保護法に基づく受給権は有しないものと判断した（2014・7・
18）。しかし、先に触れたように、憲法の国際主義の理念や国際的
な取り決めからして、財源に余裕があれば必要な外国人に保護を行
うことは憲法に反するものではない。現在、永住者、日本人の配偶
者、永住者の配偶者、定住者（ここでいう定住者は、在留資格の１つと
しての「定住者」、すなわち、日系人や日本人の配偶者と死別・離婚した外
国人等に対して認められる資格を有する外国人のことである）、そして難
民にも、行政措置として運用により事実上の保護が行われている。

参政権　外国人も国民と同様に選挙で投票したり、公務員にな
ることができるのだろうか？

　外国人の権利保障でもっとも問題が多いのが参政権である。とい
うのも、参政権は、国民が自分の国の政治に参画する権利であり、
国民だけに認められるものだからである。いいかえると、日本丸と
いう国（船）の進むべき方向を最終的に決定できるのは、主権者と
して正規のメンバーシップを持った乗組員である国民（日本国籍保
持者）に限定されるということである（こうした考え方を「国民主権の
原理」という）。

　参政権といっても、国の政治に参画する場合もあれば、地方の政
治に参画する場合も考えられるし、この権利自体も、広くは選挙
権、被選挙権そして公務就任権（公務員になることのできる資格）に
区分される。そこで、こうした区分に応じて外国人に対するこの権
利の保障に差異が出てくることになる。

　まず国レベルの選挙権・被選挙権については、広くは国民主権の
原理から、具体的には憲法15条１項が公務員を選定し罷免する権利
を「国民固有」のものとしていることから、国籍保持者に限られ、

外国人は排除されるとするのが通説・判例（最高裁判決1993・2・26）である。地方レベルについては、憲法93条2項が地方公共団体の長や議員を「住民」が選挙すると規定していることから、この中に永住者等の外国人を含めて考えることができ、法律で選挙権を与えることも可能であると主張する説（許容説という）、「国民」と「住民」とは全体と部分の関係にあり、外国人を国民に含めることができない以上住民にも含めることはできないから、外国人に選挙権を与えることは許されないとする説（禁止説という）、人権の普遍性から選挙権を与えることが憲法上要請されているとする説（要請説という）がある。最高裁判所は、これに関して、憲法93条2項の「住民」は、「地方公共団体の区域内に住所を有する日本国民を意味する」もので、同条はわが国に在留する外国人に地方レベルの選挙権を与えたものではないが、地方自治の重要性からして、「我が国に在留する外国人のうちでも永住者等であってその居住する区域の地方公共団体と特段に緊密な関係を持つに至ったと認められるものについて、その意思を日常生活に密接な関連を有する地方公共団体の公共的事務の処理に反映させるべく、法律をもって、地方公共団体の長、その議会の議員等に対する選挙権を付与する措置を講ずることは、憲法上禁止されているものではない」と許容説を採用した（1995・2・28）。地方レベルの選挙権を一定のカテゴリーの外国人に与えるかどうかは立法政策の問題、すなわち国会が判断すべきであるとの立場をとったのである。ただし、国民主権にいう国民とは「国籍保持者」とし、「国民」と「住民」とを同質なものととらえながら、地方自治を強調するだけで、あたかもこの「住民」の中に一定の外国人を含めることができるとするような説明には論理の一貫性と説得力を欠くとの批判もなされている。なお、ここでは被選挙権につい

ては争われてはいないが、これを外国人に与えることについては、国民主権の原理から、選挙権の場合よりも困難な問題が出てこよう（最高裁は、国政〔参議院議員選挙〕に関する被選挙権を否定している〔1998・3・13〕）。

　また、一般に公務員試験と称される試験を経て任用される公職への就任権については、これまでも日本国籍を保持していなければ外交官になれないとの法律規定（外務公務員法7条1項、ここでは日本国籍を保持する多国籍者も排除されている）はあったが、他の一般職の公務員についてはなかった。しかし、1953年3月25日の内閣法制局の見解（「公権力の行使又は国家意思の形成への参画に携わる公務員になるためには、日本国籍を必要とする」との見解。これは「当然の法理」と称された）をもとに、永住者であっても外国籍である以上は、公務員になることはできないとされていた。しかし、この法理は、多種多様で性質も異なる公職を区別することなく、包括して画一的に取り扱うものであり、説得力のあるものとはいいがたい。そこで、公権力の行使に関わるものであっても少なくとも直接国や地方公共団体の統治作用に及ぼす影響の少ない調査的・諮問的・教育的・技術的・事務的な職務は、永住外国人等に道を開くことが主張され、実際に、多くの地方自治体では、外国人の任用への道が開かれている（たとえば、東京高裁判決1997・11・26。ただし、この上告審判決〔最高裁大法廷判決2005・1・26〕は、公権力を行使する管理職に配属される任用制度がある以上、管理職試験の受験資格に関して外国人を日本人と同じに扱わなくとも、憲法14条1項の許容する合理的な区別であるとしている）。

5 保障される権利があるといっても、完全に 国民と同じというわけではない

　自由権は、参政権や社会権とは違って、「国家からの自由」としての性質を有するから、先に触れた入国の自由を除いて、原則として、外国人のカテゴリーを問わず保障される。たとえば、違法在留者でも、違法な身体拘束を受けない等の人身の自由（たとえば、憲法31条）を保障されることは、国民の場合と何ら違いはない。

　ただし、国民と全く同じ程度に保障されるというわけにはいかないものもある。とりわけ問題となるのは、参政権的な機能を有する精神的な自由（政治的な表現活動の自由は、精神的自由権である表現の自由であると同時に、政治的な表現活動を通じた参政権的な面も併せ持っている）や、経済活動の自由である。

　政治的な表現活動の自由については、マクリーン事件判決で最高裁は「わが国の政治的意思決定又はその実施に影響を及ぼす活動」については認めることが相当でないと述べ、その制限を許容している。しかし、政治的な性質を帯び、参政権的な機能を果たしているとしても参政権そのものではなく、本質は表現の自由に属するのであり、また、政治的なものと非政治的なものとの境界が明確でないことを考えると、参政権的機能を強調し過ぎると、この権利の保障に関しては相当に制限的なものとなる危険性が高い。優越的価値が認められる精神活動の自由の制限に関しては、制限の目的と手段との関連性が、厳格に検討されなければならないこと（いわゆる精神活動の自由の「優越的価値」と「二重の基準」）からすると、外国人であることは安易な制限を認める理由としては不十分なものであろう。

経済活動の自由については、たとえば営業の自由に見られるように、国民に対しても政策的観点から制限される場合があり、こうした規制については一応の合理性が認められれば良いことから、制限の程度は国民の場合よりも広いものといえる。たとえば、電波法は、無線局の免許を外国人には与えないことを規定している（5条1号）。

6　人権保障に関する国際法は、外国人の人権を保障しているのだろうか？

人権は、人であれば誰しも有する権利としての普遍性を特質とするものだから、憲法を中心とする国内の法規範だけでなく、条約等の国際的な取り決めによる国境を越えた保障が求められる。

とりわけ人類史上もっとも凄惨な人権抑圧であったといえる第2次世界大戦におけるナチズム・ファシズムの経験は、国際平和と人権の国際的保障の必要性を強く実感させた。戦後設立された国際連合は、この教訓から、1948年に「世界人権宣言」を採択した。この宣言は、条約や規約のような法的拘束力を持つものではない（ただし、その条文の多くは国際慣習法となっていて、法的拘束力を持つとの主張もある）が、その後の国際人権保障のさきがけとなる重要な文書である。1966年にはこの宣言をもとに、国連総会で、加盟国を法的に拘束する条約として「国際人権規約」が採択された（同規約は、社会権的な権利を保障するA規約と、自由権的・市民権的な権利を保障するB規約の2つからなり、その拘束力と救済制度について違いがある）。そのほかにも、ジェノサイド禁止条約、難民条約、人種差別撤廃条約、女子差別撤廃条約、拷問禁止条約、死刑廃止条約、子どもの権利条

第11章　外国人の人権　153

約等が国連によって採択されている。

　こうした条約は、外国人だけを対象とするものではないが、外国人も人一般としてその中に含まれるし、憲法をはじめとする国内の法令によって保護されない外国人の権利の保障範囲を広げる役割を果たしている。

　ただし条約は、各国によって批准されない限り、その国を拘束することはないし（たとえば、日本は死刑廃止条約を批准していない）、批准されても条約に反した場合の救済制度や措置が講じられていなければ、保障の意味は薄れてくる。こうした制度や措置が国際レベルで十分でない現状では、人権保護に関する国際条約が実効性を持つかどうかは、条約を締結した各国の国内的な取り組みに委ねられる部分が多いといえる（1985年の女子差別撤廃条約の批准に伴い、同年わが国で、男女雇用機会均等法が制定されたのがその代表例である）。

7　祖国を追われ帰る国のない外国人（難民）を受け入れる責務はないのだろうか？

　外国人の中には、自国で保護を求めることのできない者もいる。いわゆる「難民」と呼ばれる人たちだ。ここでいう難民とは、政治的な信条や言動を理由に、自国にいると生命や自由を侵害されたり、そうした恐れがあるために、祖国から逃れてきた人たちのことだ。政治難民とか、政治亡命者ともいわれる。豊かな生活を求めてやってくる経済難民とは区別される。

　保護してくれるはずの祖国を追われた難民たちを保護するための国際条約として、1951年に難民条約（ジュネーヴ条約ともいう）が定められた。この条約は、人種、宗教、国籍、特定の社会的集団への

帰属や政治的意見を理由に迫害を受ける恐れがある者を難民と認定し、迫害国への追放や送還を禁止している（これを「ノン・ルフルマンの原則」という）。

　わが国も1981年にこの条約を批准し、難民認定するための法律（出入国管理及び難民認定法）を定めたが、毎年数万人規模で受け入れている欧米諸国と比べ、わが国で難民と認定され、受け入れられる外国人は圧倒的に少ない（2021年から23年までの過去3年間における難民認定申請者数と認定者数はそれぞれ、2413人/65人、3772人/187人、1万3823人/289人である。他に、難民条約による保護を「補完」する枠組みである「補完的保護」制度により、難民に準じた取扱いが行われる）。

　とくに戦後のヨーロッパの国の中には、こうした政治難民を保護するために、憲法の中に規定を置いたものもある（フランスやドイツ）。日本国憲法にはそうした規定はない。しかし、憲法の前文にある「恐怖から免れる権利」の保障や憲法の拠って立つ国際主義の立場からすると、政治難民を積極的に受け入れ、国際的な責務を果たすことが求められているといえるだろう。

コラム——再び女帝は現れるだろうか？
　現在の天皇（徳仁天皇）は、初代神武天皇から数えて126代目だが、その中で何人かの女帝（女性天皇）がいた。とりわけ、33代の推古天皇や41代の持統天皇は、日本史でもよく知られた人物である。
　誰が天皇になるかについては、皇室典範という法規範が定めている。
　「典範」という名は付いているが、戦後は、国会が法律として、つまり憲法の下位にある法規範として制定することになった（日本国憲法2条）。戦前は、皇室の長である天皇が定めるもので、明治憲法とは上下の関係にはなかった。ただし、皇位（天皇の地位）は、「皇男子孫之ヲ継承ス」とされ（明治憲法2条）、男性だけが皇統を継ぐことができた。日本国憲法自体はどうかというと、皇位の世襲は定めたものの、「皇室典範の定める

ところにより、これを継承する」と規定するだけで、女性天皇を排除しているわけではないと読める。では皇室典範はどうかというと、ここではじめて男性だけに皇位の継承者を限定している（1条）。とすると、この規定は、性による差別を禁止している日本国憲法14条に違反するとの主張もありうるだろうし、皇室典範を改正すれば、憲法を改正しなくても女帝は可能であるともいえそうだし、逆に、「世襲」の中に、男系男子による皇位継承の伝統を読み込むこともできそうである。あるいは、皇室制度は「憲法の飛び地」として、憲法の人権保障規定は及ばないと考えることもできよう。定まった解釈はないのが現状である。

　ちなみに、女性天皇と女系天皇は異なるし、歴代の女帝は男性天皇が現れるまでのリリーフ・ピッチャー的役割（言葉は悪いが男性天皇が登場するまでのつなぎ！？）であったといえなくはない。「大奥」で有名な徳川将軍家と同様に、天皇家においても男性の皇嗣の確保は重要な課題であったが、それを支えていたのが、日本における一夫多妻制といえる「側室」制度の存在であった。ユダヤ＝キリスト教的婚姻観ともいえる一夫一婦制が日本国憲法（24条）の想定する基本的夫婦単位となった戦後では、女帝の出現に反対する論者であっても、男性皇嗣を得るために側室制度の復活を主張する者はいないようである。

第12章　科学技術と法

トピック

　iPS 細胞作製技術の開発の立役者である京都大学の山中伸弥教授はかつて、自身のノーベル生理学・医学賞受賞は国による支援の賜物であると語った。この発言は国による財政支援を念頭に置いたものであるが、国が科学技術の発展を支援・促進する方法は他にもある。その一例が、技術（発明）の特許法による保護である。

　特許法は、知的財産のなかでも発明の独占を認めて技術開発に向かうインセンティヴを与え、そうすることにより新技術の創出を促し、産業の発達（技術の進歩）という目的を達成しようとしている（知的財産のうち著作物を保護する著作権法も、これと同様のメカニズムにより、文化の発展という目的を達成しようとしている）。しかしながら、知的財産の保護がかえって上記目的に逆行する結果を生むこともある。例えば、iPS 細胞作製技術の特許権を手にした者の許諾がなければ当該技術を利用した研究を行えないなら、新たな技術の創出が妨げられることになりかねない。むしろ、iPS 細胞作製技術の利用を一定程度認めたほうが技術の進歩に寄与することもあるのではないだろうか。特許法や著作権法は、知的財産の保護とその自由な利用にどのような形で折り合いをつけているのだろうか。

　さらに、特許法や著作権法による知的財産保護のあり方は、近年における AI の急速な発展・普及により再検討を迫られつつある。知的財産を含む膨大なデータを学習させたうえで AI に様々なものを生成させ、そしてそれを利用することは、知的財産権を侵害することにはならないだろうか？くわえて、人ではなく AI の生み出したものは知的財産として保護されるのだろうか？急速な技術の進歩に特許法や著作権法はどのように対応するべきだろうか。

1 発明の保護と利活用の適切なバランス

特許法の概要　　特許法1条は、「発明の保護及び利用を図ることにより、発明を奨励し、もつて産業の発達に寄与することを目的とする」と定めている。この規定は、特許法が次のような仕組みを通じて科学技術の開発を支援しようとしていることを示している。

iPS細胞作製技術の応用が期待される製薬分野で顕著なように、発明が完成するまでには、膨大な資金と時間、そして労力が必要である。当然、発明者は、市場取引を通じて、発明の完成までにかかった費用に見合う利益を得たいと考えるだろう。しかし、完成した発明を真似ることは簡単だから、第三者は難なく発明者の努力に便乗して利益を得ることができ、その結果、発明者が手にすることのできる利益はその分だけ減少してしまう。これでは、発明を生み出そうという意欲は高まらず、さまざまな分野で発明が誕生することは期待できないだろう。そこで特許法は、同法所定の要件をみたす特許発明の発明者に、特許権という排他的独占権を与えて発明を保護することによって、発明が完成するまでにかかった費用に見合う利益を独占的に得られるようにし、このことを通じて発明意欲を増進させて、「発明を奨励し」ようとしている。この結果、新たな技術が生み出されて技術が進歩してゆくと同時に、市場が活性化し、ひいては「産業の発達」が達成されるのである。

もっとも、発明を保護するよりも、むしろ発明の自由な利用を認めるほうが「産業の発達に寄与する」こともある。たとえば、特許法67条は、特許出願の日から原則として20年が経過するまで特許権

を保護することにして、この期間が終了すれば発明を自由に利用できるようにしている。これは、ある時点では卓越した技術であっても、いずれは、より優れた技術に淘汰されることが普通だから、そのような技術を特許権によって保護し続けても技術の進歩に資することがないからである。むしろ、陳腐化した技術を特許権によって保護し続けると、かえって技術の進歩を妨げることさえあるだろう。このほかにも、特許法69条１項は、「試験又は研究のためにする特許発明の実施」に限って、特許権の保護期間内であっても特許発明を自由に利用できることにしている。そうすることによって、技術の進歩を促すために保障されている特許権が技術の進歩をもたらす試験または研究を制約するという矛盾を避けることができるし、学問・研究の自由（憲法23条）を尊重することもできるからである。

後発医薬品と特許法　このように、特許法は、「発明の保護」と「発明の……利用」を調和させながら、「発明を奨励し、もつて産業の発達に寄与する」という仕組みを設けている。もっとも、技術の独占とその自由な利用を調和させることは、そう簡単なことではない。このことは、後発医薬品（ジェネリック医薬品）を製造することが先発医薬品の特許権を侵害することになるかどうかが争われた裁判で、問題になった。

　後発医薬品とは、これに先だって製造・販売されている医薬品（先発医薬品）と有効成分、用法、効能等が同一であるにもかかわらず安価な医薬品である。後発医薬品を製造・販売するにも先発医薬品同様に厚生労働大臣の承認を得なければならず（医薬品医療機器等法14条）、このための審査には相応の期間を要する。このため、企業Ａが先発医薬品に関する特許権を取得している場合、先発医薬品の

特許権保護期間が終わると同時に企業Bが後発医薬品を製造・販売するには、先発医薬品の特許権保護期間内に後発医薬品の試作・治験を行ってから製造承認申請をし、遅くとも先発医薬品の特許権保護期間終了時には承認を得ておかなければならない。

しかし、先発医薬品の特許権保護期間内に後発医薬品を試作して治験を行えば、「業として特許発明の実施をする」ことになり、後発医薬品を販売していないとしても、特許権を侵害することになってしまう。詳しく説明すると、特許法68条に基づき、「業として特許発明の実施をする権利を専有する」特許権者は、他者が個人的にまたは家庭内においてではなく事業活動の一環として特許発明の生産、使用、譲渡等の行為（実施）を行うことを禁止することができる。つまり、先発医薬品の特許権保護期間内に後発医薬品を試作して治験を行ったBは、事業活動の一環として特許発明である先発医薬品を生産し使用しているから、「業として特許発明の実施」を行ったことになるのである。この結果、AはBに対し、損害賠償だけでなく特許権侵害行為の差止めも請求できるほか、Bは刑事罰を科されることにもなりかねない。しかし、Bによる後発医薬品の試作等が「試験又は研究のためにする特許発明の実施」といえるならば、Bの行為は特許法69条1項の適用を受け特許権侵害にはならない。

最高裁判決と特許法69条1項の趣旨

この問題について、最高裁判所は、「製造承認申請のための試験に必要な範囲」での後発医薬品の試作および治験は特許法69条1項にいう「試験又は研究のためにする特許発明の実施」にあたると判断した（最高裁第2小法廷判決1999・4・16）。かりに、厚生労働大臣による製造承認を得るために特許発明の生産および使

用を伴う試験を行うことに特許法69条1項が適用されないとすれば、先発医薬品の特許権保護期間内に当該試験を行うことはできなくなる。そうすると、特許権保護期間が終わってもまだ、Bを含め他者が後発医薬品の製造承認を得るまでの間は、「第三者が当該発明を自由に利用し得ない結果となる」。最高裁判所によれば、これは「特許制度の根幹に反する」事態である。というのも、「特許権の存続期間が終了した後は、何人でも自由にその発明を利用することができ、それによって社会一般が広く益されるようにすることが、特許制度の根幹の一つである」からである。

さらに最高裁判所は、Aの主張が認められるならば、Aは「特許権者に付与すべき利益として特許法が想定するところを超えるもの」を手にすることになるとする。というのも、このときAは、先発医薬品の特許権保護期間が終わってもまだ、そこからBを含め他者が後発医薬品の製造承認を得るまでの間、先発医薬品を独占的に供給し続けられるからである。それにそもそも、「第三者が、特許権存続期間中に、薬事法に基づく製造承認申請のための試験に必要な範囲を超えて、同期間終了後に譲渡する後発医薬品を生産し、又はその成分とするため特許発明に係る化学物質を生産・使用すること」は特許権侵害であって許されないのだから、特許権保護期間内におけるAの利益の保護に欠けるところはないはずである。

このように、本件において最高裁判所は、発明の利用を過度に妨げてまで特許権者の利益を重ねて保護するべきではないということを根拠として、特許法69条1項を適用したのである。

しかしながら、最高裁判決には以下のような疑問がある。「試験又は研究のためにする特許発明の実施」が特許権侵害として扱われないのは、技術の進歩を促すために保障されている特許権が技術の

進歩をもたらす試験または研究における特許発明の実施を制約することを避けなければならないからだろう。本件では最高裁判所は特許法69条1項の趣旨を明確にしていないが、その趣旨がこのようなものだと考えると、本件において同条項を適用することは妥当とはいえないのではないだろうか。というのも、先発医薬品の特許権保護期間が終わった後速やかに後発医薬品を販売するための準備作業として特許発明を実施することは、たんに営業上の利益を追求するために研究成果を用いているだけで、技術の進歩をもたらしはしないように思われるからである。最高裁判所が、先発医薬品の特許権保護期間終了後に販売する先発医薬品を同期間内に製造・備蓄することは特許権侵害になると判断したのも、たんに営業上の利益を追求するために研究成果を用いるだけにみえるそのような行為にまで特許法69条1項を適用するべきではないと考えたからではないだろうか。そうであるとすれば、そもそも先発医薬品の特許権保護期間内に後発医薬品を試作して治験を行うことに特許法69条1項を適用するべきではないのではないだろうか。

　これに対して、後発医薬品の試作等の行為は「広く科学技術の進展に寄与している」として特許法69条1項の適用を認めた本件の原審判決（大阪高裁判決1998・5・13）は、次のように述べている。特許法69条1項の定める「試験又は研究」には、「結果が直ちに一定の成果として現われそれが直接科学技術の進展に寄与する」ものだけでなく、「特許発明を多面的に検査分析することによって将来の科学技術の進展の基礎となるべき資料が得られるに止まって、いわば間接的に科学技術の進展に寄与するにすぎない」ものも含まれる。すなわち、「製剤の溶解性、吸収性、服用の便宜性についての試験研究を踏まえて、先発医薬品の成分・効能に相応しい製剤の型、

用量、用法に関する技術上の知見を得ることができるのであるから、後発医薬品の製造承認申請のためにする各種試験等は、それが新規発明や利用発明に直結する性格の技術研究でないために、直ちに製薬技術に関する新たな改良進歩が得られない場合であっても、薬剤の規格や製剤化技術等製薬に関する幅広い技術的・基礎的検討を経て、それが蓄積されることにより、将来にわたる製薬技術進歩の基礎となりうる各種知見や情報が得られるのであり、その点において、広く科学技術の進展に寄与している」。たしかに、特許法69条1項が適用される「試験又は研究のためにする特許発明の実施」は、特許発明よりも優れた発明の完成に直結する成果をただちに生むものだけでなく、間接的ながらも後に技術の進歩に貢献しうるものを広く含んでいると理解することは、文理上は不可能ではない。

　さらに、学問・研究の自由（憲法23条）を尊重するという特許法69条1項の趣旨を踏まえると、原審判決の指摘は傾聴に値しよう。すなわち、技術の進歩をもたらす学問・研究の自由を尊重することが特許法69条1項の趣旨だというなら、さまざまな分野における技術の進歩は総じて、一朝一夕に実現できるものではないのだから、短期のうちに直接的かつ具体的な成果をもたらす学問・研究だけでなく、間接的ながらも長期的に見れば技術の進歩に貢献しうる学問・研究にも同条項が適用されてよいのではないだろうか。このように考えると、先発医薬品の特許権保護期間内に後発医薬品を試作して治験を行うことを「将来にわたる製薬技術進歩の基礎となりうる各種知見や情報」を得るための研究ととらえたうえで、原審判決がこれに特許法69条1項が適用されるとしたことも頷ける。

2 著作物の保護と利活用の適切なバランス

著作権法の概要　　知的財産の保護と利活用の適切なバランスをとることは、著作権法にとっても重要な課題である。

　著作権法が保護する知的財産は著作物、すなわち「思想又は感情を創作的に表現したものであつて、文芸、学術、美術又は音楽の範囲に属するもの」（著作権法2条1項1号）である。その具体例として、様々なジャンルの音楽、TV番組や映画等の映像作品、さらには漫画・雑誌・学術書のような出版物等をあげることができよう。これらの著作物にふれることによって、われわれは知的好奇心を満たしたり娯楽に興じたりすることができている。

　著作権法は、われわれに恩恵をもたらす著作物が豊富に生み出されるようにするために、著作物を創作することへのインセンティヴを与えることにより創作活動の活発化を図ろうとしている。具体的には、著作権法は、著作物を創作した者（著作者）に著作物の複製、演奏、上映、放送等の一定の行為を独占的に行う権利を与え（創作者主義）、その許諾を得ずに著作物を利用することを原則として禁止している。そのため、前述のような著作物をたとえばインターネット上で公に視聴・閲覧しうる状態にした場合には、複製権や公衆送信権等の著作権を侵害し、民事責任のみならず刑事責任をも問われることになる。このような仕組みを通じて著作権法は、著作物の生み出す利益を著作者に独占させて著作物を創作することへのインセンティヴを与え、創作活動の活発化により文化の発展を促そうとしているのである。

第12章　科学技術と法　165

　もっとも、著作権法は、著作物の独占を認める一方で、著作物の自由な利用を一定程度認め、著作物という「文化的所産の公正な利用」（著作権法１条）にも配慮しようとしている。そのための仕組みが著作権の保護期間や制限規定である。

　著作物の種類等により保護期間の長さや計算の起算点は異なるが、著作権は一定期間経過するまで存続する。それは裏を返せば、一定期間を経過すれば著作物を自由に利用することが許されるということを意味する。たとえば、ある人物が執筆した小説の著作権は、当該人物の死後70年を経過するまで存続するが、この小説の執筆者が誰なのかが不明である場合には小説の公表後70年間を経過する時点まで存続することになる。

　そしてさらに、著作権法は著作権の制限規定を設け、一定の場合には著作権の行使を制限し、著作権者の許諾を得ずに著作物を自由に利用できることにしている。たとえば、TV番組を録画すれば著作物を複製することになるが、録画しておいたTV番組を自分自身が視聴する場合であれば複製権侵害は成立しない。それは、著作物を「個人的に又は家庭内その他これに準ずる限られた範囲内において使用する」ための複製については、私的使用目的の複製として複製権の制限規定が適用されるからである（著作権法30条１項柱書）。

生成AIの登場と著作権法

　著作物の保護と利活用のバランスのとり方が適切かどうかは、社会状況の変化に合わせて不断に検討される必要がある。現在、検討が進められているのは、ChatGPT等の生成AI（Generative Artificial Intelligence）を用いた著作物の利活用と著作物の保護のバランスをどうとるかという問題である。近年脚光を浴びている生成AIとは、「人間の自然言語や画像などによる指示を受け、文章や画像等の

様々なコンテンツを生成するAI」を指す（「AIと著作権に関する考え方について」令和6（2024）年3月15日文化審議会著作権分科会法制度小委員会11頁〔以下、「考え方」という〕）。生成AIの登場により、われわれは思い思いに、そして時には玄人の手によるものと見まがうほどの様々なコンテンツ（AI生成物）を作り出すことができるようになった。だが同時に、生成AIの利用は著作権を侵害するおそれをはらんでいる。

生成AIの開発・学習と著作権法　　生成AIは、「大量かつ多様なデータを情報解析し、データから読み取れる多数のパターンやルール、傾向等を学習させ、指示に対して、的確な出力を予測できるように調整を行う」ことにより開発が進められる（「考え方」11頁）。

生成AIを開発するには、膨大な量のデータを取得・収集し、それをAIに学習させる必要がある。その膨大な量の学習用データに著作物が含まれることは避けられないであろうから、生成AIの開発過程においては自ずと著作物の複製等が行われることになる。このため生成AIの開発・学習段階においては複製権等の著作権侵害のおそれが生じる。もちろん著作権者から個別に利用許諾を得れば著作権侵害を回避することはできる。とはいえ学習用データには大量の著作物が含まれているであろうから、それは現実的ではない。そこで、生成AIの開発・学習に伴う著作物の複製等については基本的に、「著作物に表現された思想又は感情を自ら享受し又は他人に享受させることを目的としない」著作物の利用の一例である「情報解析」として制限規定が適用され、著作権侵害にならないものと考えられている（著作権法30条の4）。

では、著作物の享受を目的としない著作物の利用とは何か？　た

とえば、「美術品の複製に適したカメラやプリンターを開発するために美術品を試験的に複製する行為」、「特定の場所を撮影した写真などの著作物から当該場所の3DCG映像を作成するために著作物を複製する行為」、「書籍や資料などの全文をキーワード検索して，キーワードが用いられている書籍や資料のタイトルや著者名・作成者名などの検索結果を表示するために書籍や資料などを複製する行為」を想像してみてほしい（「デジタル化・ネットワーク化の進展に対応した柔軟な権利制限規定に関する基本的な考え方」令和元（2019）年10月24日文化庁著作権課7頁）。われわれは、美術品や写真の鑑賞を娯楽として楽しんだり、書籍や資料に目を通して知的好奇心を満足させたり、本来想定される用途で著作物を利用することによって満足を得ている（いわば、その恩恵を享受している）。そして著作権者は、われわれをこのような形で満足させることの対価として、著作物が生み出す経済的利益を独占的に得ている。これに対して、上記の行為はいずれも著作物を本来想定される用途で利用するものではなく、そのような用途を通じて人は著作物から満足を得るわけではない。そして、上記の行為に対する著作権の行使が認められず、そのような用途での著作物の利用が認められたところで、通常は著作権者が本来的用途での著作物の利用者から対価を得ることの妨げにはならず、その経済的利益が害されることにはならないだろう。そこで平成30（2018）年著作権法改正において、上記の行為のような著作物の享受を目的としない著作物の利用については著作権侵害にならないものとする制限規定が設けられたのである。

　以上の考え方に即してみると、生成AIの開発・学習段階において画像・文章等の著作物を含むデータを生成AIに学習（情報解析）させる行為も、一般には著作物の享受を目的とするものとはいえな

い。そのため、このような「情報解析」（著作権法30条の4第2号）の
ための著作物の複製等には制限規定が適用され、著作権侵害になら
ないと考えられている（「考え方」17頁以下）。

AI 生成物の生成・利用と著作権法

開発された学習済みモデ
ルの生成 AI は、「①利用
者が生成したい内容などを表示する文字列等を入力する生成指示を
行い、②当生成指示に基づき生成 AI が画像、文章及び音声等のコ
ンテンツを出力し、③生成 AI が出力した AI 生成物を販売等の方法
で利用する」という形で用いられることになる（「AI 時代の知的財産
権検討会中間とりまとめ」2024年5月 AI 時代の知的財産権検討会6頁〔以
下、「中間とりまとめ」という）。

では、既存の著作物と同一か、または類似する AI 生成物が販売
されたり、インターネット上で公に視聴・閲覧しうる状態にされた
りしているとしよう。このような場合（例えば生成・公開されている
アニメーションに著名漫画キャラクターに酷似する人物が登場する場合）、
当該著作物の著作権を侵害することにはならないだろうか。

判例によれば、著作権侵害は、「既存の著作物に依拠し、かつ、
その表現上の本質的な特徴の同一性を維持しつつ…（中略）…これ
に接する者が既存の著作物の表現上の本質的な特徴を直接感得する
ことのできる別の著作物を創作する行為」が行われることにより成
立する（最高裁第1小法廷判決2001・6・28）。つまり判例によれば、
他者の著作物に接し、それに依拠して、表現の本質部分が類似する
ものを作り出した場合に著作権侵害は成立する。

生成 AI の利用において特に問題になるのは依拠性である。人が
既存の著作物を真似て類似するものを作り出した場合であれば依拠
性は容易に認められるであろうが、人が生成 AI に出力させた AI 生

成物が既存の著作物に類似するものであった場合も同列に扱ってよいかは、検討を要する。というのも、生成 AI の利用者にそのような意図がなくても、偶然の産物として、生成 AI が既存の著作物に似た AI 生成物を出力することはありうるからである。そのような場合にも依拠性は認められるのだろうか。

この問題について、「考え方」は、以下の 3 つの場合に類型化して検討している（33 〜 35 頁）。第 1 は、「AI 利用者が既存の著作物を認識しておらず、かつ、AI 学習用データに当該著作物が含まれない場合」である。「考え方」によれば、生成 AI により既存の著作物と類似する AI 生成物が出力された場合、当該著作物の内容を AI 利用者が認識しておらず、かつ、生成 AI が開発・学習段階において当該著作物を学習していなかったのであれば、それは「偶然の一致に過ぎないものとして、依拠性は認められず、著作権侵害は成立しない」とされる。著作物が星の数ほど存在する以上、似通った著作物が生まれることを完全に避けることはできない。だからこそ著作権法は、著作権侵害の成立に依拠性を要求し、偶然の産物に対しては著作権を行使できないことにして、創作活動が萎縮しないように配慮している。AI 生成物が独自に創作されたものであるなら著作権侵害が成立しないとすることは、以上の著作権法の趣旨をふまえた考え方といえよう。

第 2 は、「AI 利用者が既存の著作物を認識していたと認められる場合」である。「考え方」によれば、AI 利用者が既存のある著作物の内容を認識しており、そのうえで生成 AI を利用して当該著作物と類似する AI 生成物を出力したのであれば、「依拠性が認められ、AI 利用者による著作権侵害が成立する」とされる。もちろん、既存の著作物の内容を AI 利用者が認識していたという主観的要件の

立証には困難が伴う。しかしながら、このような場合には従来の判断手法にならい、既存の著作物を知らなければ出力できないといえる程度にまでAI生成物が当該著作物に酷似している、既存の著作物が広く一般に知られるほど著名なものである、AI利用者が既存の著作物を容易にまたは当然知りうる立場にある、等の間接事実の積み重ねにより依拠性が推認されることになる。

第3は、「AI利用者が既存の著作物を認識していなかったが、AI学習用データに当該著作物が含まれる場合」である。「考え方」によれば、生成AIにより既存の著作物と類似するAI生成物が出力された場合、AI利用者は当該著作物の内容を認識していなかったとしても、生成AIが開発・学習段階において当該著作物を学習していたのであれば、「通常、依拠性があったと推認され、AI利用者による著作権侵害になりうる」とされる。

この立場のように、既存の著作物の内容を知っていたかどうかというAI利用者の主観的事情を度外視することには、頷ける点もある。というのは、AI利用者が既存の著作物の内容を知らなかった場合には依拠性が一律に否定されるということになれば、「AIを利用すれば著作権侵害を否定できるようになり、その結果、著作権侵害を目的としてAIを利用することや実際にはAIを利用しない場合でも侵害逃れのためにAIを利用したと僭称することが想定される」からである（「新たな情報財検討委員会報告書—データ・人工知能（AI）の利活用促進による産業競争力強化の基盤となる知財システムの構築に向けて—」平成29（2017）年3月知的財産戦略本部 検証・評価・企画委員会 新たな情報財検討委員会37頁〔以下、「報告書」という〕）。しかしながら、開発・学習段階も含めた生成AIの利用過程において「客観的に当該著作物へのアクセスがあったと認められる」場合には依拠性が肯

定されるとすれば、そのような事態は避けられる。

　しかし、以上の考え方に対しては次のような懸念も指摘されている。学習済みモデルの生成 AI の作成者と当該生成 AI の利用者が異なる場合、生成 AI 利用者は膨大な量の学習用データに何が含まれているかを把握しておらず、自身の出力した AI 生成物が学習用データに含まれる既存の著作物に依拠したものかどうかを判断できないことが想定される。このような場合においても一律に依拠性を肯定して、生成 AI 利用者が AI 生成物を独自に創作したとする余地を残さないなら、「AI の利活用を萎縮させるおそれ」があるうえ、「表現の自由空間が狭まるおそれもある」（「報告書」37-38頁）。この指摘もふまえ、生成 AI の利活用を過度に萎縮させることのないよう、著作物の保護と利活用の適切なバランスのとり方が慎重に検討されなければならない。

3　AI と特許法

　AI の発展・普及は特許法にも大きな影響を及ぼしている。ここでは、AI 生成物が特許権により保護される発明といえるか、そして AI がその発明者として特許権を取得しうるか、という問題をとりあげることにする。この問題については既に、AI を発明者として出願がなされた事案において東京地方裁判所の判断が示されている（東京地裁判決2024・5・16）。この事案は、「フードコンテナ並びに注意を喚起し誘引する装置及び方法」という名称の発明について特許権を取得するために出願が行われたところ、出願書類に記載されていた発明者の氏名が自然人の氏名ではなく「ダバス、本発明を自律的に発明した人工知能」というものであったため、特許庁長官

により出願却下処分が行われたというものである。当該処分の適法性が争われたこの事案において、東京地方裁判所は、知的財産基本法そして「自然人を想定して制度設計された現行特許法の枠組み」のもとでは、「発明とは、自然人により生み出されるもの」と理解されるべきであり、AIを発明者とすることは困難であるとした。

知的財産とは人間の創造的活動により生み出されるものを指す!?

東京地方裁判所は、知的財産基本法による知的財産の定義を根拠として、本件AI生成物は特許権により保護される発明ではないとし、次のように述べている。知的財産基本法2条1項によれば、知的財産とは、発明、考案、植物の新品種、意匠、著作物その他の人間の創造的活動により生み出されるものと定義される。この定義は、知的財産そしてその一例である発明は人間の創造的活動により生み出されるものであることを前提としており、つまり知的財産基本法は、「特許その他の知的財産の創造等に関する基本となる事項として、発明とは、自然人により生み出されるものと規定していると解するのが相当である」。

東京地方裁判所判決とは対照的に、原告は、知的財産基本法制定時の国会審議において「『発明』は自然人がしたものに限定されるとか、『知的財産』は『人間の創造的活動により生み出されるもの』に限定されるなどという矮小化された議論がなされた形跡は一切ない」と主張している。

なお、本件において被告（国）は、東京地方裁判所判決とは異なり、特許法による発明の定義を根拠として、本件AI生成物は特許権により保護される発明ではないと主張している。被告（国）は、現行特許法によれば、発明は、「自然法則を利用した技術的思想の創作のうち高度のもの」（特許法2条1項）と定義され、この定義に

含まれる「技術的思想の創作」という文言は、「何らか自然人の精神活動が介在することが当然に前提とされている」とする。以上の解釈をもとに被告（国）は、「自然人の創作活動を介在させずに生成される AI 発明」を特許法にいう発明として扱うことはできないと主張している。

発明者は自然人に限られる!?　　東京地方裁判所は、特許法は特許権を取得しうる発明者が自然人であることを前提にしているとし、そのことを根拠として、AI は発明者として特許権を取得することはできないとしている。特許法は、発明をした者に当該発明に関する特許を受ける権利を帰属させ（特許法29条１項）、そして特許を受ける権利を有する者の出願を受けた特許庁による審査を経た後に、その者に特許権を設定登録することにしている（特許法66条）。東京地方裁判所は、特許権の取得に関して以上の手続を定める特許法のもとでは、発明をした者とは、「特許を受ける権利の帰属主体にはなりえない AI ではなく、自然人をいうものと解するのが相当である」とする。さらに東京地方裁判所は、特許法には出願書類に発明者の氏名（特許法36条１項２号）にくわえ特許出願人の氏名または名称（特許法36条１項１号）の記載を求める規定があり、この規定にいう「氏名とは、文字どおり、自然人の氏名をいうものであり、上記の規定は、発明者が自然人であることを当然の前提とするものといえる」としている。

　これに対し原告は、特許法は特許権を取得しうる発明者が自然人であることを当然の前提にしてはいないとして、以下のように主張している。特許法上の関連規定は、発明をした者が自然人である場合に特許を受ける権利が発明者に帰属するという「当然の事理」を定めているにすぎず、そのことを超えて、「発明が自然人以外のも

のによりなされる場合があるということを排除する趣旨」のものではない。なかでも、「発明をした者は…（中略）…特許を受けることができる」と定めるにとどまる特許法29条1項は、「その条文の文言から明らかなとおり、発明者（自然人）は特許を受けることが『できる』と規定しているだけであって、『AI発明については特許を受ける権利が発生しない』などと規定しているわけではない」。さらに原告は次のように主張してもいる。特許法が出願書類に発明者の氏名の記載を求めているのは、自然人が発明をした場合には、その者に発明者名誉権（発明者の名誉保護のためその氏名を発明者として特許証等に記載される権利）を帰属させるために当該自然人を明示させる必要があるからにすぎない。「AI発明は、自然人が介在することなくAIが自律的に生成した発明であるから、そもそも発明者名誉権なるものを観念する余地がない」のであって、AI発明については、出願書類に「『発明者』（自然人）の氏名を記載しなければならない理由はない」。

AIを発明者とした場合に派生する問題

東京地方裁判所は、現行特許法のもとでAIを発明者とした場合には「的確な結論を導き得ない派生的問題が多数生じる」と指摘してもいる。その1つが進歩性に関する問題である。

　出願された発明の属する技術分野における通常の知識を有する者（当業者）が出願時点の技術をもとにして容易に当該発明をすることができたと考えられる場合、当該発明には進歩性がないとされ、特許権の取得は認められない（特許法29条2項）。これは、当業者が既存の技術をもとにして容易に生み出しうる発明なら、特許権を通じた独占を認めるというインセンティヴを与えてまでその創出を促す

第12章　科学技術と法　175

必要はなく、遠からず自然に生み出されるのに任せればよいからである。東京地方裁判所は、進歩性の有無を判断する際の基準となる当業者という概念について、「自然人の創作能力と、今後更に進化するAIの自律的創作能力が、直ちに同一であると判断するのは困難であるから、自然人が想定されていた『当業者』という概念を、直ちにAIにも適用するのは相当ではない」とする。たしかに人間とAIの創作能力にはきわめて大きな隔たりがある。そのことは、「新たな電池材料の発見のために、AIを活用することにより、3,200万の無機材料候補から有望な18候補までにわずか80時間で絞り込むことに成功した」とする材料科学分野におけるマイクロソフト社のAI利活用事例報告にも示されている（「中間とりまとめ」82頁）。AIが人知を超える速さで飛躍的な技術進歩を実現する可能性を秘めている以上、AIによる発明と自然人による発明の進歩性の有無を同じ尺度で評価することには疑問が残る。

　このほかにも東京地方裁判所は、AI発明の特許権保護期間について、次のように述べて問題提起を行っている。「AIの自律的創作能力と、自然人の創作能力との相違に鑑みると、AI発明に係る権利の存続期間は…（中略）…現行特許法による存続期間とは異なるものと制度設計する余地も、十分にあり得る」。

　特許権は、発明に要した投資に見合うだけの利益を独占的に得られるようにし、発明に向かうインセンティヴを与えるために保護されるものである。そのため、AIによる発明が自然人による発明よりも投資を必要としないものであるならば、投資回収のために設けられる特許権保護期間はAI発明については短縮されてよいということにもなりうるだろう（「AIを活用した創作や3Dプリンティング用データの産業財産権法上の保護の在り方に関する調査研究報告書」平成29

（2017）年 2 月一般財団法人 知的財産研究教育財団 知的財産研究所36頁〔以下、「調査研究報告書」という〕)。さらに、自律的に発明を行う AI は特許権というインセンティヴを与えて発明意欲を高めるまでもなく自発的に発明に向かうのであるから、そのような AI による発明についてはそもそも特許法による保護が不要ではないかとする根本的な問題提起もなされている（「調査研究報告書」33-34頁）。

　東京地方裁判所が述べたように、AI による発明に関する制度設計は「国民的議論による民主主義的なプロセスに委ね」、「立法論として AI 発明に関する検討を行って可及的速やかにその結論を得る」ことが期待される。

第13章　医療における自己決定権

トピック

　医療における医師と患者の関係は対等とはいえないだろう。医師は病気とその治療法について専門的知識を有する者であり、患者はその医師の専門家としての能力を信頼して治療を依頼する者である。両者の間の情報量の格差は大きく、その結果、患者はいろんな場面で弱い立場に置かれざるをえない。たとえば、治療法の選択について医師の過失を争うことは、患者にとって至難のことであろう。そこで、医療に関する法において採用された理念が「インフォームド・コンセント」（informed consent）である。医療法1条の4、第2項は「医師、…その他の医療の担い手は、医療を提供するに当たり、適切な説明を行い、医療を受ける者の理解を得るよう努めなければならない」と定める。「インフォームド・コンセント」は、「説明と同意」と訳されるが、医師は病気とその治療法について十分な説明をしたうえで、治療について患者の同意を得なければならないとする考え方を意味する。

　そして、その憲法上の根拠は、憲法13条にいう「幸福追求権」に含まれる「自己決定権」の一内容に求められる。「幸福追求権」というあいまいな権利概念は、憲法自体が明示的に保障している権利以外の、時代の要請で主張される新しい権利を含む包括的人権の根拠として重要である。自己決定権は、生きていくうえで、ある重要な決定をする際に、他人の干渉を受けることなく、自らの判断で決めることができる権利である。

　日本の裁判所も近年、国民の権利意識の高まり、社会の変化、あるいは時代の要請に応じて、自己決定権の保障に関わる重要な判決を次々と下している。これらの判決を取りあげて、医療における自己決定権について考えてみよう。

1 「エホバの証人輸血拒否事件」判決
（最高裁第三小法廷判決2000年 2 月29日）

　キリスト教の宗教団体「エホバの証人」は、聖書に書かれた「血を避けなさい」という言葉を、エホバ神による人間に対する指示とし、これに従えば人間は身体的にも、精神的にも健康でいることができるとする信条を有している。

　Ｘはその信者として、この信条を厳格に守ってきた。彼女は、肝臓血管腫と診断され、輸血を伴う手術を受けなければならないと告知されたが、手術のため輸血を受けるのが不潔だと思い、いかなる場合にも輸血を受けないこと（絶対的無輸血）にした。そのため、彼女は無輸血で手術を行った例があるＹ病院に転院して、担当の医師に対し、絶対的無輸血の意思を表明したうえで、Ｙ病院で手術を受けることに同意した。ところが、Ｙ病院ではあくまでも患者が輸血を受けないとする意向を尊重し、できる限り輸血しないことにするが、輸血以外には救命手段がない事態に至ったときは、患者およびその家族の諾否にかかわらず輸血するという方針（相対的無輸血）を採用していた。

　担当の医師は、上記の方針を十分に説明せず、Ｘの意思表明に曖昧に対応していた。そして、手術中大量出血したＸに対し、輸血しない限り救うことができない可能性が高いと判断して輸血を行った。これに対し、Ｘは患者の自己決定権および信教上の良心が侵害されたという理由で、慰謝料を求める訴訟を起こした。

　患者Ｘの立場からすれば、自分の長年堅持してきた信念を守ることが最優先で、たとえ命の対価を払っても悔やまないが、医者の勝

第13章 医療における自己決定権　179

手な輸血行為によって、まるで性的暴力を受けたように、心に深い傷を残し、大変な精神的ダメージを受けた。

　しかし、医師の立場からすれば、この手術自体には医師の手技的ミスが存在せず、しかもその輸血した結果として患者は事実上5年間の延命ができた。もしこの手術を受けなければ、せいぜい1年しか生き延びることができなかったといえるだろう。患者のため最大限の医学的利益を図ったにもかかわらず、まさか裁判沙汰になるとは思いもよらなかった。

　1審の東京地裁（1997年10月23日判決）は、輸血行為は正当な医療行為であり違法性がないという理由でXの訴えを認めなかった。2審の東京高裁（1998年10月2日判決）は、1審の判断を覆し、医師側に精神的損害賠償として50万円の慰謝料の支払いを命じた。その判決理由には憲法13条の条文引用こそないが、以下のように生死にかかわる自己決定を権利として（患者の自己決定権）認める点は特に注目に値する。

　医療行為に対する患者の「同意は、各個人が有する自己の人生のあり方（ライフスタイル）は自らが決定することができるという自己決定権から由来する」。「人はいずれ死すべきものであり、その死に至るまでの生きざまも自ら決定できる」。

　本件の場合は、「医師に患者による絶対的無輸血治療の申入れその他の医療内容の注文に応ずべき義務を認めるものでない」が、医師は当該患者が「絶対的無輸血に固執していることを認識した以上」、相対的無輸血の治療方針を当該患者に「説明してなお医科研における入院治療を継続するか否か特に本件手術を受けるかどうかの選択の機会を与えるべきであった」。しかし、医師が説明しなかったことにより、当該患者の「選択の機会（自己決定権行使の機会）を

奪われ、その権利を侵害された」。

　最高裁は、以下の理由で、2審判決を支持した。

　「患者が、輸血を受けることは自己の宗教上の信念に反するとして、輸血を伴う医療行為を拒否するとの明確な意思を有している場合、このような意思決定をする権利は、人格権の一内容として尊重されなければならない」。医師が患者に対し相対的輸血の方針を説明する義務を怠ったことにより、患者が「輸血を伴う可能性のあった本件手術を受けるか否かについて意思決定をする権利を奪ったものといわざるを得ず、この点において同人の人格権を侵害したものとして、同人がこれによって被った精神的苦痛を慰謝すべき責任を負うものというべきである」。

　最高裁は、最終的に、憲法13条には直接言及せず、単なる人格権の侵害として民法上の不法行為の成立を認めた。判決理由として、2審判決のように自己決定権を一般論として展開することを控えたのは、当時の学説や判例において、自己決定権の概念がまだ発展途中だったことと関係しているかもしれない。とはいえ、自分の命が失われる可能性がある「輸血を伴う医療行為を拒否する意思決定をする権利」を人格権の一内容として承認したことには重大な意義がある。2審で言及された自己決定権と同様、その根底には、憲法13条に定める個人尊重の原理が認められる。

2　「性同一性障害特例法」違憲判決
（最高裁大法廷決定2023年10月25日）

　患者の自己決定権は医師と患者の関係の文脈で主張されることが多かったが、公権力と患者の対立関係で主張される場合もある。「性

第13章　医療における自己決定権　181

同一性障害特例法」違憲判決はその典型例である。

　性同一性障害とは、生まれつきの生物学的な性別（Sex）と心理的な性別（いわゆる性自認 Gender Identity）の不一致（生物学的な性別が男性〔女性〕であるが、心理的な性別が女性〔男性〕であるという状態）のことをさす。最近では、社会的差別を受けやすい「疾病」や「障害」としてではなく、性的健康に関する「状態」として「性別不合」と呼ばれる。この不一致によって生じた心の悩みや身体の機能不全は精神科領域の治療または身体的治療によって改善できるものも多い。具体的な治療法としては、ホルモン治療、乳房切除手術、性別適合手術（生殖腺摘出手術、外性器手術〔外性器除去もしくは形成手術などを含む〕）などがある。

　性同一性障害者などの LGBT（性的少数者）に対するさまざまな偏見と差別の状況を改善するため、2003年に国会は「性同一性障害者の性別の取扱の特例に関する法律」（以下「特例法」と称する）を制定した。性別適合手術を受けた性同一性障害者は、法により家庭裁判所で性別変更（生まれつきの生物学的性別から性自認に基づく性別への変更）の審判を申し立て、戸籍上の性別表記を性自認に従い訂正してもらうことができる。その目的は、彼らの心の悩みを緩和させ、治療効果をさらに高めることである。

　具体的な法的手続としては、性同一性障害を主張する者は、知識と経験をもつ医者２人以上がその医学的知見に基づいて肯定的な診断結果を下した場合、初めて「性同一性障害者」と認定される（同法２条）。認定された者は、下記の５つの法的要件をすべて満たしたとき、家庭裁判所に性別変更の審判を申し立てることができる（同法３条）。性別変更の審判を受けた者は、原則としてその新戸籍が編成され、性自認に従い性別が記載される。その住民票、パス

ポート上の性別記載も相応に変更される。

その5つの法的要件とは、①18歳以上、②現に婚姻をしていない（非婚要件）、③現に未成年の子がいない（未成年子なし要件）、④生殖腺がないことまたは生殖腺の機能を永続的に欠く状態にある（生殖不能要件）、⑤その身体について他の性別にかかる身体の性器にかかる部分に近似する外観を備えている（外観要件）ことである。

生殖不能要件に関しては、原則として生殖腺除去手術を受けることを前提とすると理解されてきた。外観要件に関しても、原則として外性器手術または外性器外観を備えるほどに至るまでホルモン療法を長期に受ける必要があると解されている。

なぜ立法当初からこのような厳しい条件が課せられたのか？　その理由としては、変更前の性別の生殖機能により子が生まれると、親子関係等の問題について社会的混乱を生じさせかねないことや、従来の生物学的な男女の区別に関して急激な変化を避けることがあげられた。

特例法施行後、医学的知見の進展につれて、治療の考え方が大きく変わった。現在、性同一性障害者は医者の適切な説明を受けたうえで、自分に合う治療法を選択することができる。これによって性同一性障害者は性別適合手術を選択せず、ホルモン治療などを最終的な治療法とすることも可能となった。

こうした治療プロセスにおいて、自己決定権を重視する流れが主流となったにもかかわらず、戸籍上の性別表記変更の法的要件としての生殖不能要件および外観要件を満たすためには、依然として性別適合手術、少なくとも生殖腺摘出手術を受けなければならない。したがって、性別適合手術を求めない性同一性障害者も、戸籍上性別表記を変更してもらうため、意に反して手術を受けざるをえな

い。さもなければ、その性別変更審判の申立てが却下されることになる。性別適合手術を求めない性同一性障害者にとっては、自己決定権が事実上否定されることになる。

2019年の最高裁第2小法廷判決で4人の裁判官は、その生殖不能要件については、一部の性同一性障害者の「意思に反して身体への侵襲を受けない自由を制約する面もあることは否定できない」こと、および社会的混乱を避ける「必要性、方法の相当性等は、性自認に従った性別の取扱いや家族制度の理解に関する社会的状況の変化等に応じて変わり得る」ことを認めながらも、「本件規定の立法目的、上記の制約の態様、現在の社会的状況等を総合的に較量すると、現時点では、憲法13条、14条1項に違反するものとはいえない」という結論を下した。ただし、そのうちの2人の裁判官は、次のとおり補足意見を付け加えた。「本件規定は、現時点では、憲法13条に違反するとまではいえないものの、その疑いが生じていることは否定できない」（最高裁第2小法廷決定2019年1月23日）。ちなみに、ほかの性同一性障害者も、非婚要件および未成年子なし要件の憲法適合性を争い最高裁まで上告したが、いずれも合憲と判断された（最高裁第2小法廷決定2020年3月11日、最高裁第3小法廷決定2021年11月30日）。

統計によれば、特例法施行以降20年間には、性別変更審判を受けた者は既に1万人以上に達した。国内外におけるLGBT（性的少数者）に関する人権啓発活動の相乗効果もあって、日本社会のLGBT（性的少数者）に対する理解は高まってきたが、依然として不十分であるのが現状である。

2023年6月国会は「性的指向及びジェンダーアイデンティティの多様性に関する国民の理解の増進に関する法律」（いわゆる「LGBT

理解増進法」）を制定した。当該法律は、寛容な社会の建設を目指し、国や自治体、企業、教育機関に対し、LGBT（性的少数者）に対する理解の増進を図る施策の実施を求める。

　こうした流れのもとで、2023年10月25日、最高裁大法廷の15名の裁判官は全員一致で生殖不能要件について、以下のように違憲無効であると判断した。

　まず、「自己の意思に反して身体への侵襲を受けない自由が人格的生存に関わる重要な権利として」、憲法13条によって保障されている。「生殖腺除去手術は生命又は身体に対する危険を伴う不可逆的な結果をもたらす身体への強度な侵襲であるから、このような…手術を受けることが強制される場合は、身体への侵襲を受けない自由に対する重大な制約に当たる」。このような制約は「必要かつ合理的なものということができない限り、許されない」。

　次に、前述した生殖不能要件の当初の立法目的については、「現在までの間に、…親子関係等に関わる混乱が社会に生じたとはうかがわれない。…性同一性障害を有する者に関する理解が広まりつつあり、その社会生活上の問題を解消するための環境整備に向けた取組等も社会の様々な領域において行われていることからすると、…社会全体にとって予期せぬ急激な変化が起こるとまでは言い難い」。よって、生殖不能要件による制約の必要性は、「その前提となる諸事情の変化により低減している」。

　そして、その立法目的の達成手段については、特例法の制定以降進展した医学的知見からすると、「性同一性障害者に対する治療として、どのような身体的治療を必要とするかは患者によって異なるものとされたことにより、必要な治療を受けたか否かは性別適合手術を受けたか否かによって決まるものではなくなり」、生殖不能要

件を課すことは、「医学的にみて合理的関連性を欠く」。その結果と
しては、「治療としては生殖腺除去手術を要しない性同一性障害者
に対し、身体への侵襲を受けない自由を放棄して…手術を受けるこ
とを甘受するか、又は性自認に従った法令上の性別の取扱を受ける
という重要な利益を放棄して性別変更審判を受けることを断念する
かという過酷な二者択一を迫るものになった」。よって、生殖不能
要件は「過剰な制約を課すものであるから」、その「制約の程度は
重大なものというべきである」。

　最後に、最高裁は、生殖不能要件による身体への侵襲を受けない
自由への制約は必要かつ合理的なものとはいえず、憲法13条に違反
するものと結論づけた。

　ただ、外観要件に関しては、大法廷の多数意見（12人の裁判官）は、
積極的な司法審査に踏み込まず、2審の広島高裁に差し戻した。そ
の差戻しに反対した3人の裁判官は、当該要件に対し上記生殖不能
要件とほぼ同様な理由で、性同一性障害者の人権に対する合理性を
欠く重大な制約であるので、憲法13条に違反して無効とすべきと主
張した。注目に値するのは、反対意見のなかで、三浦守裁判官と宇
賀克也裁判官は、外性器手術のみならず、外性器外観を備えるほど
に至るまでのホルモン療法の副作用も身体への重大な侵襲となると
いう点を特に強調した。

　広島高裁は、2024年7月10日の特別抗告後の差戻審において、以
下のように外性器手術の違憲性を指摘した。

　外観要件の立法目的は公衆浴場、トイレの利用などでの混乱の回
避のため、正当性がある。しかし、外性器「手術が常に必要ならば、
当事者に対して手術を受けるか、性別変更を断念するかの二者択一
を迫る過剰な制約を課すことで、憲法違反の疑いがあると言わざる

を得ない」。外観要件を満たすために、必ずしも外性器手術を受ける必要はなく、「手術なしでも外観が他者の目に触れたときに特段の疑問を感じない状態で足りる」。

広島高裁は、最終的に性適合手術を求めない本件の性同一性障害者の性別変更審判の申立てを認めたが、長期的なホルモン治療による身体への侵襲の問題に触れず、外観要件そのものを違憲としなかった。

なお、自己決定権に関しては、2023年の最高裁大法廷決定には、多数意見による直接の言及はないが、宇賀克也裁判官の反対意見の傍論のなかで「本件規定（筆者注：生殖不能要件をさす）は、生殖に関する自己決定権であるリプロダクティブ・ライツ（Reproductive Rights）の侵害という面においても重大な問題を抱える」と指摘した。

宇賀克也裁判官は、「リプロダクティブ・ライツ」も憲法13条により保障される基本的人権と解すべきであり、「自認する性別と法的性別（筆者注：生まれつきの生物学的な性別をさす）を一致させるために、自己の生殖能力を喪失させる生殖腺除去手術を不本意ながら甘受しなければならないことは、過酷な二者択一を迫るものであり、リプロダクティブ・ライツに対する過剰な制約である」と論じた。

3　旧「優生保護法」違憲判決
（最高裁大法廷判決2024年7月3日）

不妊手術とは、通常、男性体内の輸精管または女性体内の輸卵管を切断し、結紮するなどの方法で、男性または女性の生殖能力を回復不能な喪失状態にさせる手術のことをさす。この種の手術は、か

第13章　医療における自己決定権　187

つて「優生手術」とも呼ばれ、医療目的ではなく政府の優生政策（不良な遺伝形質を有する者の生殖を防ぐこと）の実施の目的で行われていた。この種の手術を合法化するために、1948年に国会は旧「優生保護法」を制定した。

　同法は一応「優生上の見地から不良な子孫の出生を防止するとともに、母性の生命健康を保護する」という立法目的を掲げていたが、その真の目的は、もっぱら前段の優生目的のために、次の者を対象とする不妊手術などの実施を押し進めるものであった。①遺伝性疾患、精神病またはハンセン病などを有する者、②配偶者が①に該当する者、および③本人または配偶者の４親等以内の血族関係にある者が①に該当する者（以下「対象者」と総称する）。

　旧「優生保護法」は二種類の不妊手術を定めた。①任意不妊手術。医師は、対象者本人からの同意並びに配偶者があるときはその同意を得た場合、当該対象者に対し不妊手術を行うことができる（同法３条）。②強制不妊手術。医師は、対象者に対し、その疾患の遺伝を防止するため不妊手術を行うことが公益上必要であると認めるとき、都道府県の優生保護審査会に強制不妊手術の適否申請を行う義務がある。都道府県の優生保護審査会が「適切」と判断した場合、当該対象者に対し、指定の医師のところで不妊手術を受けることを命じる（同法４条、10条）。

　1996年まで48年間の法施行の結果、上記の二種類の不妊手術を受けた者が計２万5000人以上に達した。そのうち、本人の同意のもとで行われた件数が8500あまりでほとんどの者は、事前に医師から十分な説明を受けないまま手術を受けさせられた。強制不妊手術の件数は大半を占め、１万6500以上であった。そのなか、既に妊娠した者であって、障害などを理由に人工妊娠中絶手術を受けさせられた

後、不妊手術を受けた者もいた。

旧「優生保護法」はすでに1970年代から人権侵害の疑いが強いと指摘されていたが、国会は、1996年になってようやくその立法目的の前段部分（優生上の見地から不良な子孫の出生を防止する）およびそのための不妊手術の関連規定（以下「優生条項」と称する）を削除して、「母体保護法」という名称に変えた。

しかし、優生目的のため不妊手術を受けた者に対し、国は当時行った手術が適法であるという理由で何の補償措置も講じなかった。そこで、仙台在住の一部の不妊手術を受けた者が2018年に仙台地裁で、その不妊手術の関連規定により、子を産み育てるかどうかを意思決定する権利（リプロダクティブ・ライツ）を一方的に侵害されたとして、国に対して、その損害賠償にかかる国会の立法不作為などの違法を理由に、損害賠償を求める訴訟を提起した。これを皮切りに、大阪、神戸、東京、札幌など各地の不妊手術を受けた者が同様な訴訟を提起した。

これを受け、2019年4月に国会は「旧優生保護法に基づく優生手術等を受けた者に対する一時金の支給等に関する法律」（以下「一時金支給法」と称する）を制定し、不妊手術を受けた者を含む旧優生保護法所定の者に対し、国の損害賠償責任を前提とせず、一時金320万円を支給することにした。しかし、この金額は不妊手術を受けた者が受けた身体的精神的苦痛を償うほどのものではなかった。

なぜ国はその損害賠償責任を認めようとしないのか？　それは、2017年民法改正前の除斥期間規定（民法724条）の適用と関係がある。除斥期間とは、法律関係の速やかな確定を趣旨とし、不法行為があった時から起算して、被害者が損害賠償請求権を行使しないまま20年間（途中の中断・停止は原則認められない）経過した場合に、そ

第13章　医療における自己決定権　189

の権利が消滅するという法的効果を生じさせる制度である。国の立場からすれば、不妊手術を受けた者は全員、手術を受けた日（たとえば仙台地裁で提訴した方が不妊手術を受けた年はそれぞれ1963年と1972年であった）またはその後の法改正により優生条項が削除された日（1996年6月26日）のいずれから起算しても、20年を超過しており、その損害賠償請求権は既に消滅している。したがって、国は損害賠償責任を負う必要がないことになる。

　このような流れのなかで、仙台地裁（2019年5月28日判決）ははじめて、リプロダクティブ権（筆者注：判決は「ライツ」ではなく「権」と言い換えている）を憲法13条が保障する人権と認め、優生条項が憲法13条に違反すると判断した。

　「人が幸福を追求しようとする権利の重みは、たとえその者が心身にいかなる障害を背負う場合であっても何ら変わるものではない。子を産み育てるかどうかを意思決定する権利は、これを希望する者にとって幸福の源泉となり得ることなどに鑑みると、人格的生存の根源に関わるものであり、上記の幸福追求権を保障する憲法13条の法意に照らし、人格権の一内容を構成する権利として尊重されるべきものである。」

　「本件優生手術を受けた者は、もはやその幸福を追求する可能性を奪われて生きがいを失い、一生涯にわたり救いなく心身ともに苦痛を被り続けるのであるから、その権利侵害の程度は、極めて甚大である。そうすると、リプロダクティブ権を侵害された者については、憲法13条の法意に照らし、その侵害に基づく損害賠償請求権を行使する機会を確保する必要性が極めて高いものと認められる。」

　しかしながら、仙台地裁は、除斥期間の効果を排除する法律が存在しない限り、リプロダクティブ権侵害に基づく損害賠償請求権

は、除斥期間の経過により行使できなくなると判断した。結局、不妊手術などを受けた者による国への損害賠償の請求は棄却された。

2審の仙台高等裁判所（2023年6月1日判決）も除斥期間規定を適用し、その国に対する損害賠償請求を認めなかった。

これに対し、神戸、大阪、札幌、東京在住の不妊手術を受けた者がそれぞれに提起した損害賠償訴訟の2審で、大阪高等裁判所、札幌高等裁判所および東京高等裁判所は、除斥期間の効果を否定し、彼らの損害賠償請求権が消滅しないと判断したうえで、国に対し慰謝料、弁護士費用などを含む最大で1人あたり1650万円の賠償を命じた。

2024年7月3日、最高裁判所大法廷は、上記の理由で大阪高等裁判所、札幌高等裁判所および東京高等裁判所の判断をそれぞれ是認した一方、仙台高等裁判所の判決を破棄し、審理のやり直しを命じた。

最高裁のこれらの判決の判旨は、以下のようにまとめられる。

まず、最高裁は、2023年の性同一性障害特例法違憲判決を引用して、優生条項がその制定当初から憲法13条に違反すると判断した。

「憲法13条は、人格的生存に関わる重要な権利として、自己の意思に反して身体への侵襲を受けない自由を保障している」。「不妊手術は、生殖能力の喪失という重大な結果をもたらす身体への侵襲であるから、不妊手術を受けることを強制することは、上記の自由に対する重大な制約にあたる」。

憲法13条に定める個人の尊厳と人格の尊重に照らして、旧「優生保護法」の立法目的は正当性を欠き、「そのような立法目的の下で特定の個人に対して生殖能力の喪失という重大な犠牲を求める点において、個人の尊厳と人格の尊重の精神に著しく反するものといわ

ざるを得ない。」よって、強制不妊手術の規定は、「憲法13条に反し許されないというべきである。」

任意不妊手術の規定に関しても、「専ら優生上の見地から特定の個人に重大な犠牲を払わせようとするもので、そのような本人に同意を求めるということ自体が、個人の尊厳と人格の尊重の精神に反し許されないのであって、これに応じてされた同意があることをもって当該不妊手術が強制にわたらないということはできない。加えて、優生上の見地から行われる不妊手術を本人が自ら希望することは通常考えられないが、周囲からの圧力等によって本人がその真意に反して不妊手術に同意せざるを得ない事態も容易に想定されるところ、同法には本人の同意がその自由な意思に基づくものであることを担保する規定が置かれていなかったことにも鑑みれば、…本人の同意を得て行われる不妊手術についても、これを受けさせることは、その実質において、不妊手術を受けることを強制するものであることに変わりはないというべきである。」

次に、最高裁は、優生条項が憲法14条1項にも違反すると指摘した。「憲法14条は、法の下の平等を定めており、…（不妊手術）規定が事柄の性質に応じた合理的な根拠に基づくものでない限り、法的な差別的取扱いを禁止する趣旨のものであると解すべきである」。本件の場合、「不妊手術を行うことに正当な理由があるとは認められないから、上記①から③までの者を不妊手術の対象者と定めてそれ以外の者と区別することは、合理的な根拠に基づかない差別的取扱いに当たるものと言わざるを得ない」。

そして、最高裁は、不妊手術を受けた者の人数の多いこと、彼らが生殖能力を喪失するという重大な被害を受けたこと、および国は不妊手術が適法であるという立場を取り続けてきたため彼らの損害

賠償請求権の行使を期待するのが困難であることなどの理由をあげ、除斥期間の経過により損害賠償請求権が消滅するという国の主張を「著しく正義・公平の理念に反し又は権利の濫用として許されない」ものとして退けた。最高裁は、これらの判決文でリプロダクティブ権について直接言及しなかったが、その判旨は、まさに個人が公権力の介入を受けることなく、生殖機能を含む自己の身体に関する決定を自ら行う権利（自己決定権）を有することを前提としているといえるだろう。

　上記判決後の2024年10月8日に、国会では「旧優生保護法補償金支給法」が可決された。この法律は、2019年の「一時金支給法」を一本化し、その前文に国会および政府による謝罪の言葉を明記した。その内容は、一連の訴訟に参加せず、損害賠償をまだ受けていない旧「優生保護法」下で不妊手術を受けた本人およびその配偶者に対し、それぞれ1500万円、500万円の補償金を支給することを定めた。また、旧「優生保護法」下で障害などを理由に人工妊娠中絶手術を受けた被害者にも救済措置（200万円の一時金の支給）を講じた。

参考文献

第1章　憲法と法律

畑博行編『現代法学入門』有信堂、2000年

戸松秀典『憲法訴訟〔第2版〕』有斐閣、2008年

戸松秀典『プレップ憲法訴訟』弘文堂、2011年

第2章　司法審査制

田中英夫『アメリカ法の歴史　上』東京大学出版会、1968年

関誠一『アメリカ革命と司法審査制の成立』ぺりかん社、1970年

西村裕三「アメリカの司法審査制に関する一考察——その歴史的発展過程と機能的分析（1）、（2）」『広島法学』3巻1、3号、1979年

第3章　個人情報とプライバシー

阪本昌成『プライヴァシー権論』日本評論社、1986年

西村裕三編『判例で学ぶ日本国憲法』有信堂、2010年

第4章　民法改正と法の下の平等

岩間・戸波編『憲法Ⅱ　基本的人権〔第3版〕』（別冊法学セミナー129号）日本評論社、1994年

内田貴『民法Ⅳ　親族・相続〔補訂版〕』東京大学出版会、2004年

第5章　国歌斉唱行為と思想・良心の自由

野中・中村・高橋・高見『憲法Ⅰ〔第5版〕』有斐閣、2012年

渡邉康行「『君が代』起立斉唱命令訴訟最高裁判決」判例セレクト2011〔Ⅰ〕（法学教室377号）、2012年

三宅裕一郎「『国歌斉唱』不起立への懲戒処分に対する裁量統制と思想良心の自由」法学セミナー692号、2012年

佐藤幸治『日本国憲法論〔第2版〕』成文堂、2020年

第6章　ビラ配りと表現の自由

浦部法穂『憲法学教室〔第3版〕』日本評論社、2016年

佐藤幸治『日本国憲法論〔第2版〕（法学叢書7）』成文堂、2020年

宍戸常寿編『18歳から考える人権〔第2版〕（＜18歳から＞シリーズ）』法律文化社、2020年

芦部信喜、高橋和之（補訂）『憲法〔第8版〕』岩波書店、2023年

西村裕三編『判例で学ぶ日本国憲法〔第三版〕』有信堂、2024年

第7章　契約の自由と消費者保護

大村敦志『消費者法〔第4版〕』有斐閣、2011年

日本弁護士連合会編『消費者法講義〔第6版〕』日本評論社、2024年

河上・沖野編『消費者法判例百選〔第2版〕』（別冊ジュリスト249号）有斐閣、2020年

中田・鹿野編『基本講義消費者法〔第5版〕』日本評論社、2022年

第8章　労働者の権利と労働法

柳澤武「年齢差別」森戸・水町編『差別禁止法の新展開』日本評論社、2008年

大内伸哉『AI時代の働き方と法——2035年の労働法を考える』弘文堂、2017年

水町勇一郎『労働法入門〔新版〕』岩波書店、2019年

佐藤幸治『日本国憲法論〔第2版〕』成文堂、2020年

水町勇一郎『労働法〔第10版〕』有斐閣、2024年

第9章　生存権と生活保護制度

「『社会保障と憲法』に関する基礎的資料」衆議院憲法調査会事務局、2003年

大山典宏『生活保護　vs　ワーキングプア』PHP出版社、2008年

波多野敏『生存権の困難』勁草書房、2016年

尾形健『福祉権保障の現代的展開』日本評論社、2018年

第10章　死刑制度の法と課題

団藤重光『死刑廃止論〔第6版〕』有斐閣、2000年

永田憲史『死刑選択基準の研究』関西大学出版部、2010年

小倉孝保『ゆれる死刑——アメリカと日本』岩波書店、2011年

郷田マモラ・竹田昌弘『裁判員時代に死刑を考える』岩波書店、2011年

井田・太田編『いま死刑制度を考える』慶應義塾大学出版会、2014年

井田良『死刑制度と刑罰理論——死刑はなぜ問題なのか』岩波書店、2022年

第11章　外国人の人権

大沼保昭『人権、国家、文明』筑摩書房、1998年

関東弁護士会連合会編『外国人の人権』明石書店、2012年

水鳥能伸『亡命と家族』有信堂、2015年

生活保障問題対策全国会議編『外国人の生存権保障ガイドブック』明石書店、2022年

第12章　科学技術と法

平嶋竜太「特許法69条1項の解釈」中山信弘『知的財産権研究Ⅴ』雄松堂出版、2008年

渋谷秀樹『憲法〔第3版〕』有斐閣、2017年

中山信弘『特許法〔第5版〕』弘文堂、2023年

中山信弘『著作権法〔第4版〕』有斐閣、2023年

上野・奥邨編『AIと著作権』勁草書房、2024年

第13章　医療における自己決定権

長谷部・石川・宍戸編『憲法判例百選Ⅰ・Ⅱ』有斐閣、2017年

佐藤幸治『日本国憲法論〔第2版〕』成文堂、2020年

手嶋豊『医事法入門〔第6版〕』有斐閣アルマ、2022年

甲斐・手嶋編『医事法判例百選〔第3版〕』有斐閣、2022年

駒村圭吾「性同一性障害特例法違憲決定——若干の憲法学的考察を付して」ジュリスト
1595号、2024年

日本国憲法 (昭和21年憲法)

朕は、日本国民の総意に基いて、新日本建設の礎が、定まるに至つたことを、深くよろこび、枢密顧問の諮詢及び帝国憲法第七十三条による帝国議会の議決を経た帝国憲法の改正を裁可し、ここにこれを公布せしめる。

御名御璽

昭和二十一年十一月三日

内閣総理大臣兼

外務大臣		吉田　茂
国務大臣	男爵	幣原喜重郎
司法大臣		木村篤太郎
内務大臣		大村　清一
文部大臣		田中耕太郎
農林大臣		和田　博雄
国務大臣		斎藤　隆夫
逓信大臣		一松　定吉
商工大臣		星島　二郎
厚生大臣		河合　良成
国務大臣		植原悦二郎
運輸大臣		平塚常次郎
大蔵大臣		石橋　湛山
国務大臣		金森徳次郎
国務大臣		膳　桂之助

日本国憲法

日本国民は、正当に選挙された国会における代表者を通じて行動し、われらとわれらの子孫のために、諸国民との協和による成果と、わが国全土にわたつて自由のもたらす恵沢を確保し、政府の行為によつて再び戦争の惨禍が起ることのないやうにすることを決意し、ここに主権が国民に存することを宣言し、この憲法を確定する。そもそも国政は、国民の厳粛な信託によるものであつて、その権威は国民に由来し、その権力は国民の代表者がこれを行使し、その福利は国民がこれを享受する。これは人類普遍の原理であり、この憲法は、かかる原理に基くものである。われらは、これに反する一切の憲法、法令及び詔勅を排除する。

日本国民は、恒久の平和を念願し、人間相互の関係を支配する崇高な理想を深く自覚するのであつて、平和を愛する諸国民の公正と信義に信頼して、われらの安全と生存を保持しようと決意した。われらは、平和を維持し、専制と隷従、圧迫と偏狭を地上から永遠に除去しようと努めてゐる国際社会において、名誉ある地位を占めたいと思ふ。われらは、全世界の国民が、ひとしく恐怖と欠乏から免かれ、平和のうちに生存する権利を有することを確認する。

われらは、いづれの国家も、自国のことのみに専念して他国を無視してはならないのであつて、政治道徳の法則は、普遍的なものであり、この法則に従ふことは、自国の主権を維持し、他国と対等関係に立たうとする各国の責務であると信ずる。

日本国民は、国家の名誉にかけ、全力をあげてこの崇高な理想と目的を達成することを誓ふ。

第1章　天皇

第1条　天皇は、日本国の象徴であり日本国民統合の象徴であつて、この地位は、主権の存する日本国民の総意に基く。

第2条　皇位は、世襲のものであつて、国会の議決した皇室典範の定めるところにより、これを継承する。

第3条　天皇の国事に関するすべての行為には、内閣の助言と承認を必要とし、内閣が、その責任を負ふ。

第4条　①　天皇は、この憲法の定める国事に関する行為のみを行ひ、国政に関する権能を有しない。

②　天皇は、法律の定めるところにより、その国事に関する行為を委任することができる。

第5条　皇室典範の定めるところにより摂政を置くときは、摂政は、天皇の名でその国事に関する行為を行ふ。この場合には、前条第一項の規定を準用する。

第6条　①　天皇は、国会の指名に基いて、内閣総理大臣を任命する。

②　天皇は、内閣の指名に基いて、最高裁判所の長たる裁判官を任命する。

第7条　天皇は、内閣の助言と承認により、国民のために、左の国事に関する行為を行ふ。

一　憲法改正、法律、政令及び条約を公布すること。

二　国会を召集すること。

三　衆議院を解散すること。

四　国会議員の総選挙の施行を公示すること。

五　国務大臣及び法律の定めるその他の官吏の任免並びに全権委任状及び大使及び公使の信任状を認証すること。

六　大赦、特赦、減刑、刑の執行の免除及び復権を認証すること。

七　栄典を授与すること。

八　批准書及び法律の定めるその他の外交文書を認証すること。

九　外国の大使及び公使を接受すること。

十　儀式を行ふこと。

第8条　皇室に財産を譲り渡し、又は皇室が、財産を譲り受け、若しくは賜与することは、国会の議決に基かなければならない。

第2章　戦争の放棄

第9条　①　日本国民は、正義と秩序を基調とする国際平和を誠実に希求し、国権の発動たる戦争と、武力による威嚇又は武力の行使は、国際紛争を解決する手段としては、永久にこれを放棄する。

②　前項の目的を達するため、陸海空軍その他の戦力は、これを保持しない。国の交戦権は、これを認めない。

第3章　国民の権利及び義務

第10条　日本国民たる要件は、法律でこれを定める。

第11条　国民は、すべての基本的人権の享有を妨げられない。この憲法が国民に保障する基本的人権は、侵すことのできない永久の権利として、現在及び将来の国民に与へられる。

第12条　この憲法が国民に保障する自由及び権利は、国民の不断の努力によつて、これを保持しなければならない。又、国民は、これを濫用してはならないのであつて、常に公共の福祉のためにこれを利用する責任を負ふ。

第13条　すべて国民は、個人として尊重される。生命、自由及び幸福追求に対する国民の権利については、公共の福祉に反しない限り、立法その他の国政の上で、最大の尊重を必要とする。

第14条　①　すべて国民は、法の下に平等であつて、人種、信条、性別、社会的身分又は門地により、政治的、経済的又は社会的関係において、差別され

ない。

② 華族その他の貴族の制度は、これを認めない。

③ 栄誉、勲章その他の栄典の授与は、いかなる特権も伴はない。栄典の授与は、現にこれを有し、又は将来これを受ける者の一代に限り、その効力を有する。

第15条 ① 公務員を選定し、及びこれを罷免することは、国民固有の権利である。

② すべて公務員は、全体の奉仕者であつて、一部の奉仕者ではない。

③ 公務員の選挙については、成年者による普通選挙を保障する。

④ すべて選挙における投票の秘密は、これを侵してはならない。選挙人は、その選択に関し公的にも私的にも責任を問はれない。

第16条 何人も、損害の救済、公務員の罷免、法律、命令又は規則の制定、廃止又は改正その他の事項に関し、平穏に請願する権利を有し、何人も、かかる請願をしたためにいかなる差別待遇も受けない。

第17条 何人も、公務員の不法行為により、損害を受けたときは、法律の定めるところにより、国又は公共団体に、その賠償を求めることができる。

第18条 何人も、いかなる奴隷的拘束も受けない。又、犯罪に因る処罰の場合を除いては、その意に反する苦役に服させられない。

第19条 思想及び良心の自由は、これを侵してはならない。

第20条 ① 信教の自由は、何人に対してもこれを保障する。いかなる宗教団体も、国から特権を受け、又は政治上の権力を行使してはならない。

② 何人も、宗教上の行為、祝典、儀式又は行事に参加することを強制されない。

③ 国及びその機関は、宗教教育その他のいかなる宗教的活動もしてはならない。

第21条 ① 集会、結社及び言論、出版その他一切の表現の自由は、これを保障する。

② 検閲は、これをしてはならない。通信の秘密は、これを侵してはならない。

第22条 ① 何人も、公共の福祉に反しない限り、居住、移転及び職業選択の自由を有する。

② 何人も、外国に移住し、又は国籍を離脱する自由を侵されない。

第23条 学問の自由は、これを保障する。

第24条 ① 婚姻は、両性の合意のみに基いて成立し、夫婦が同等の権利を有することを基本として、相互の協力により、維持されなければならない。

② 配偶者の選択、財産権、相続、住居の選定、離婚並びに婚姻及び家族に関するその他の事項に関しては、法律は、個人の尊厳と両性の本質的平等に立脚して、制定されなければならない。

第25条 ① すべて国民は、健康で文化的な最低限度の生活を営む権利を有する。

② 国は、すべての生活部面について、社会福祉、社会保障及び公衆衛生の向上及び増進に努めなければならない。

第26条 ① すべて国民は、法律の定めるところにより、その能力に応じて、ひとしく教育を受ける権利を有する。

② すべて国民は、法律の定めるところにより、その保護する子女に普通教育を受けさせる義務を負ふ。義務教育は、これを無償とする。

第27条 ① すべて国民は、勤労の権利を有し、義務を負ふ。

② 賃金、就業時間、休息その他の勤労条件に関する基準は、法律でこれを定める。

③ 児童は、これを酷使してはならない。

第28条 勤労者の団結する権利及び団体交渉その他の団体行動をする権利は、これを保障する。

第29条 ① 財産権は、これを侵してはならない。

② 財産権の内容は、公共の福祉に適合するやうに、法律でこれを定める。

③ 私有財産は、正当な補償の下に、これを公共のために用ひることができる。

第30条 国民は、法律の定めるところにより、納税の義務を負ふ。

第31条 何人も、法律の定める手続によらなければ、その生命若しくは自由を奪はれ、又はその他の刑罰を科せられない。

第32条 何人も、裁判所において裁判を受ける権利を奪はれない。

第33条 何人も、現行犯として逮捕される場合を除いては、権限を有する司法官憲が発し、且つ理由となつてゐる犯罪を明示する令状によらなければ、逮捕されない。

第34条 何人も、理由を直ちに告げられ、且つ、直ちに弁護人に依頼する権利を与へられなければ、抑留又は拘禁されない。又、何人も、正当な理由がなければ、拘禁されず、要求があれば、その理由は、直ちに本人及びその弁護人の出席する公開の法廷で示されなければならない。

第35条 ① 何人も、その住居、書類及び所持品について、侵入、捜索及び押収を受けることのない権利は、第三三条の場合を除いては、正当な理由に基いて発せられ、且つ捜索する場所及び押収する物を明示する令状がなければ、侵されない。

② 捜索又は押収は、権限を有する司法官憲が発する各別の令状により、これを行ふ。

第36条 公務員による拷問及び残虐な刑罰は、絶対にこれを禁ずる。

第37条 ① すべて刑事事件においては、被告人は、公平な裁判所の迅速な公開裁判を受ける権利を有する。

② 刑事被告人は、すべての証人に対して審問する機会を充分に与へられ、又、公費で自己のために強制的手続により証人を求める権利を有する。

③ 刑事被告人は、いかなる場合にも、資格を有する弁護人を依頼することができる。被告人が自らこれを依頼することができないときは、国でこれを附する。

第38条 ① 何人も、自己に不利益な供述を強要されない。

② 強制、拷問若しくは脅迫による自白又は不当に長く抑留若しくは拘禁された後の自白は、これを証拠とすることができない。

③ 何人も、自己に不利益な唯一の証拠が本人の自白である場合には、有罪とされ、又は刑罰を科せられない。

第39条 何人も、実行の時に適法であつ

た行為又は既に無罪とされた行為については、刑事上の責任を問はれない。又、同一の犯罪について、重ねて刑事上の責任を問はれない。

第40条 何人も、抑留又は拘禁された後、無罪の裁判を受けたときは、法律の定めるところにより、国にその補償を求めることができる。

第4章 国会

第41条 国会は、国権の最高機関であつて、国の唯一の立法機関である。

第42条 国会は、衆議院及び参議院の両議院でこれを構成する。

第43条 ① 両議院は、全国民を代表する選挙された議員でこれを組職する。

② 両議院の議員の定数は、法律でこれを定める。

第44条 両議院の議員及びその選挙人の資格は、法律でこれを定める。但し、人種、信条、性別、社会的身分、門地、教育、財産又は収入によつて差別してはならない。

第45条 衆議院議員の任期は、四年とする。但し、衆議院解散の場合には、その期間満了前に終了する。

第46条 参議院議員の任期は、六年とし、三年ごとに議員の半数を改選する。

第47条 選挙区、投票の方法その他両議院の議員の選挙に関する事項は、法律でこれを定める。

第48条 何人も、同時に両議院の議員たることはできない。

第49条 両議院の議員は、法律の定めるところにより、国庫から相当額の歳費を受ける。

第50条 両議院の議員は、法律の定める場合を除いては、国会の会期中逮捕されず、会期前に逮捕された議員は、その議院の要求があれば、会期中これを釈放しなければならない。

第51条 両議院の議員は、議院で行つた演説、討論又は表決について、院外で責任を問はれない。

第52条 国会の常会は、毎年一回これを召集する。

第53条 内閣は、国会の臨時会の召集を決定することができる。いづれかの議院の総議員の四分の一以上の要求があれば、内閣は、その召集を決定しなければならない。

第54条 ① 衆議院が解散されたときは、解散の日から四十日以内に、衆議院議員の総選挙を行ひ、その選挙の日から三十日以内に、国会を召集しなければならない。

② 衆議院が解散されたときは、参議院は、同時に閉会となる。但し、内閣は、国に緊急の必要があるときは、参議院の緊急集会を求めることができる。

③ 前項但書の緊急集会において採られた措置は、臨時のものであつて、次の国会開会の後十日以内に、衆議院の同意がない場合には、その効力を失ふ。

第55条 両議院は、各々その議員の資格に関する争訟を裁判する。但し、議員の議席を失はせるには、出席議員の三分の二以上の多数による議決を必要とする。

第56条 ① 両議院は、各々その総議員の三分の一以上の出席がなければ、議事を開き議決することができない。

② 両議院の議事は、この憲法に特別の定のある場合を除いては、出席議員の過半数でこれを決し、可否同数のとき

は、議長の決するところによる。

第57条 ① 両議院の会議は、公開とする。但し、出席議員の三分の二以上の多数で議決したときは、秘密会を開くことができる。

② 両議院は、各々その会議の記録を保存し、秘密会の記録の中で特に秘密を要すると認められるもの以外は、これを公表し、且つ一般に頒布しなければならない。

③ 出席議員の五分の一以上の要求があれば、各議員の表決は、これを会議録に記載しなければならない。

第58条 ① 両議院は、各々その議長その他の役員を選任する。

② 両議院は、各々その会議その他の手続及び内部の規律に関する規則を定め、又、院内の秩序をみだした議員を懲罰することができる。但し、議員を除名するには、出席議員の三分の二以上の多数による議決を必要とする。

第59条 ① 法律案は、この憲法に特別の定のある場合を除いては、両議院で可決したとき法律となる。

② 衆議院で可決し、参議院でこれと異なつた議決をした法律案は、衆議院で出席議員の三分の二以上の多数で再び可決したときは、法律となる。

③ 前項の規定は、法律の定めるところにより、衆議院が、両議院の協議会を開くことを求めることを妨げない。

④ 参議院が、衆議院の可決した法律案を受け取つた後、国会休会中の期間を除いて六十日以内に、議決しないときは、衆議院は、参議院がその法律案を否決したものとみなすことができる。

第60条 ① 予算は、さきに衆議院に提出しなければならない。

② 予算について、参議院で衆議院と異なつた議決をした場合に、法律の定めるところにより、両議院の協議会を開いても意見が一致しないとき、又は参議院が、衆議院の可決した予算を受け取つた後、国会休会中の期間を除いて三十日以内に、議決しないときは、衆議院の議決を国会の議決とする。

第61条 条約の締結に必要な国会の承認については、前条第二項の規定を準用する。

第62条 両議院は、各々国政に関する調査を行ひ、これに関して、証人の出頭及び証言並びに記録の提出を要求することができる。

第63条 内閣総理大臣その他の国務大臣は、両議院の一に議席を有すると有しないとにかかはらず、何時でも議案について発言するため議院に出席することができる。又、答弁又は説明のため出席を求められたときは、出席しなければならない。

第64条 ① 国会は、罷免の訴追を受けた裁判官を裁判するため、両議院の議員で組織する弾劾裁判所を設ける。

② 弾劾に関する事項は、法律でこれを定める。

第5章 内閣

第65条 行政権は、内閣に属する。

第66条 ① 内閣は、法律の定めるところにより、その首長たる内閣総理大臣及びその他の国務大臣でこれを組織する。

② 内閣総理大臣その他の国務大臣は、文民でなければならない。

③ 内閣は、行政権の行使について、国

会に対し連帯して責任を負ふ。

第67条 ①　内閣総理大臣は、国会議員の中から国会の議決で、これを指名する。この指名は、他のすべての案件に先だつて、これを行ふ。

②　衆議院と参議院とが異なつた指名の議決をした場合に、法律の定めるところにより、両議院の協議会を開いても意見が一致しないとき、又は衆議院が指名の議決をした後、国会休会中の期間を除いて十日以内に、参議院が、指名の議決をしないときは、衆議院の議決を国会の議決とする。

第68条 ①　内閣総理大臣は、国務大臣を任命する。但し、その過半数は、国会議員の中から選ばれなければならない。

②　内閣総理大臣は、任意に国務大臣を罷免することができる。

第69条　内閣は、衆議院で不信任の決議案を可決し、又は信任の決議案を否決したときは、十日以内に衆議院が解散されない限り、総辞職をしなければならない。

第70条　内閣総理大臣が欠けたとき、又は衆議院議員総選挙の後に初めて国会の召集があつたときは、内閣は、総辞職をしなければならない。

第71条　前二条の場合には、内閣は、あらたに内閣総理大臣が任命されるまで引き続きその職務を行ふ。

第72条　内閣総理大臣は、内閣を代表して議案を国会に提出し、一般国務及び外交関係について国会に報告し、並びに行政各部を指揮監督する。

第73条　内閣は、他の一般行政事務の外、左の事務を行ふ。

一　法律を誠実に執行し、国務を総理すること。

二　外交関係を処理すること。

三　条約を締結すること。但し、事前に、時宜によつては事後に、国会の承認を経ることを必要とする。

四　法律の定める基準に従ひ、官吏に関する事務を掌理すること。

五　予算を作成して国会に提出すること。

六　この憲法及び法律の規定を実施するために、政令を制定すること。但し、政令には、特にその法律の委任がある場合を除いては、罰則を設けることができない。

七　大赦、特赦、減刑、刑の執行の免除及び復権を決定すること。

第74条　法律及び政令には、すべて主任の国務大臣が署名し、内閣総理大臣が連署することを必要とする。

第75条　国務大臣は、その在任中、内閣総理大臣の同意がなければ、訴追されない。但し、これがため、訴追の権利は、害されない。

第6章　司法

第76条 ①　すべて司法権は、最高裁判所及び法律の定めるところにより設置する下級裁判所に属する。

②　特別裁判所は、これを設置することができない。行政機関は、終審として裁判を行ふことができない。

③　すべて裁判官は、その良心に従ひ独立してその職権を行ひ、この憲法及び法律にのみ拘束される。

第77条 ①　最高裁判所は、訴訟に関する手続、弁護士、裁判所の内部規律及び司法事務処理に関する事項について、規則を定める権限を有する。

② 検察官は、最高裁判所の定める規則に従はなければならない。

③ 最高裁判所は、下級裁判所に関する規則を定める権限を、下級裁判所に委任することができる。

第78条 裁判官は、裁判により、心身の故障のために職務を執ることができないと決定された場合を除いては、公の弾劾によらなければ罷免されない。裁判官の懲戒処分は、行政機関がこれを行ふことはできない。

第79条 ① 最高裁判所は、その長たる裁判官及び法律の定める員数のその他の裁判官でこれを構成し、その長たる裁判官以外の裁判官は、内閣でこれを任命する。

② 最高裁判所の裁判官の任命は、その任命後初めて行はれる衆議院議員総選挙の際国民の審査に付し、その後十年を経過した後初めて行はれる衆議院議員総選挙の際更に審査に付し、その後も同様とする。

③ 前項の場合において、投票者の多数が裁判官の罷免を可とするときは、その裁判官は、罷免される。

④ 審査に関する事項は、法律でこれを定める。

⑤ 最高裁判所の裁判官は、法律の定める年齢に達した時に退官する。

⑥ 最高裁判所の裁判官は、すべて定期に相当額の報酬を受ける。この報酬は、在任中、これを減額することができない。

第80条 ① 下級裁判所の裁判官は、最高裁判所の指名した者の名簿によつて、内閣でこれを任命する。その裁判官は、任期を十年とし、再任されるこ

とができる。但し、法律の定める年齢に達した時には退官する。

② 下級裁判所の裁判官は、すべて定期に相当額の報酬を受ける。この報酬は、在任中、これを減額することができない。

第81条 最高裁判所は、一切の法律、命令、規則又は処分が憲法に適合するかしないかを決定する権限を有する終審裁判所である。

第82条 ① 裁判の対審及び判決は、公開法廷でこれを行ふ。

② 裁判所が、裁判官の全員一致で、公の秩序又は善良の風俗を害する虞があると決した場合には、対審は、公開しないでこれを行ふことができる。但し、政治犯罪、出版に関する犯罪又はこの憲法第三章で保障する国民の権利が問題となつてゐる事件の対審は、常にこれを公開しなければならない。

　第7章　財政

第83条 国の財政を処理する権限は、国会の議決に基いて、これを行使しなければならない。

第84条 あらたに租税を課し、又は現行の租税を変更するには、法律又は法律の定める条件によることを必要とする。

第85条 国費を支出し、又は国が債務を負担するには、国会の議決に基くことを必要とする。

第86条 内閣は、毎会計年度の予算を作成し、国会に提出して、その審議を受け議決を経なければならない。

第87条 予見し難い予算の不足に充てるため、国会の議決に基いて予備費を設け、内閣の責任でこれを支出することができる。

② すべて予備費の支出については、内閣は、事後に国会の承諾を得なければならない。

第88条 すべて皇室財産は、国に属する。すべて皇室の費用は、予算に計上して国会の議決を経なければならない。

第89条 公金その他の公の財産は、宗教上の組識若しくは団体の使用、便益若しくは維持のため、又は公の支配に属しない慈善、教育若しくは博愛の事業に対し、これを支出し、又はその利用に供してはならない。

第90条 ① 国の収入支出の決算は、すべて毎年会計検査院がこれを検査し、内閣は、次の年度に、その検査報告とともに、これを国会に提出しなければならない。

② 会計検査院の組識及び権限は、法律でこれを定める。

第91条 内閣は、国会及び国民に対し、定期に、少くとも毎年一回、国の財政状況について報告しなければならない。

第8章 地方自治

第92条 地方公共団体の組職及び運営に関する事項は、地方自治の本旨に基いて、法律でこれを定める。

第93条 ① 地方公共団体には、法律の定めるところにより、その議事機関として議会を設置する。

② 地方公共団体の長、その議会の議員及び法律の定めるその他の吏員は、その地方公共団体の住民が、直接これを選挙する。

第94条 地方公共団体は、その財産を管理し、事務を処理し、及び行政を執行する権能を有し、法律の範囲内で条例を制定することができる。

第95条 一の地方公共団体のみに適用される特別法は、法律の定めるところにより、その地方公共団体の住民の投票においてその過半数の同意を得なければ、国会は、これを制定することができない。

第9章 改正

第96条 ① この憲法の改正は、各議院の総議員の三分の二以上の賛成で、国会が、これを発議し、国民に提案してその承認を経なければならない。この承認には、特別の国民投票又は国会の定める選挙の際行はれる投票において、その過半数の賛成を必要とする。

② 憲法改正について前項の承認を経たときは、天皇は、国民の名で、この憲法と一体を成すものとして、直ちにこれを公布する。

第10章 最高法規

第97条 この憲法が日本国民に保障する基本的人権は、人類の多年にわたる自由獲得の努力の成果であつて、これらの権利は、過去幾多の試錬に堪へ、現在及び将来の国民に対し、侵すことのできない永久の権利として信託されたものである。

第98条 ① この憲法は、国の最高法規であつて、その条規に反する法律、命令、詔勅及び国務に関するその他の行為の全部又は一部は、その効力を有しない。

② 日本国が締結した条約及び確立された国際法規は、これを誠実に遵守することを必要とする。

第99条 天皇又は摂政及び国務大臣、国会議員、裁判官その他の公務員は、この憲法を尊重し擁護する義務を負ふ。

大日本帝国憲法（明治22年憲法）

第2条 皇位ハ皇室典範ノ定ムル所ニ依リ皇男子孫之ヲ繼承ス

第28条 日本臣民ハ安寧秩序ヲ妨ケス及臣民タルノ義務ニ背カサル限ニ於テ信教ノ自由ヲ有ス

第29条 日本臣民ハ法律ノ範囲内ニ於テ言論著作印行集会及結社ノ自由ヲ有ス

国旗・国歌法（国旗及び国歌に関する法律、平成11年法律127号）

（国旗）

第1条 ① 国旗は、日章旗とする。
② 日章旗の制式は、別記第一のとおりとする。

（国歌）

第2条 ① 国歌は、君が代とする。
② 君が代の歌詞及び楽曲は、別記第二のとおりとする。

別記第一（第一条関係）

日章旗の制式

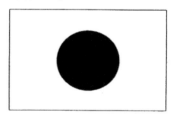

一 寸法の割合及び日章の位置
縦 横の三分の二
日章
　直径 縦の五分の三
　中心 旗の中心
二 彩色
　地 白色
　日章 紅色

別記第二（第二条関係）

君が代の歌詞及び楽曲

一 歌詞

君が代は　千代に八千代に　さざれ石のいわおとなりて　こけのむすまで

二 楽曲

皇室典範（昭和22年法律3号）

第1条 皇位は、皇統に属する男系の男子が、これを継承する。

第2条 ① 皇位は、左の順序により、皇族に、これを伝える。
一 皇長子
二 皇長孫
三 その他の皇長子の子孫
四 皇次子及びその子孫
五 その他の皇子孫
六 皇兄弟及びその子孫
七 皇伯叔父及びその子孫
② 前項各号の皇族がないときは、皇位は、それ以上で、最近親の系統の皇族に、これを伝える。
③ 前二項の場合においては、長系を先にし、同等内では、長を先にする。

国籍法（昭和25年法律147号）

（この法律の目的）

第1条 日本国民たる要件は、この法律の定めるところによる。

（出生による国籍の取得）

第2条 ① 子は、次の場合には、日本国民とする。

一 出生の時に父又は母が日本国民であるとき。

二 出生前に死亡した父が死亡の時に日本国民であつたとき。

三 日本で生まれた場合において、父母がともに知れないとき、又は国籍を有しないとき。

（認知された子の国籍の取得）

第3条 父又は母が認知した子で二十歳未満のもの（日本国民であつた者を除く。）は、認知をした父又は母が子の出生の時に日本国民であつた場合において、その父又は母が現に日本国民であるとき、又はその死亡の時に日本国民であつたときは、法務大臣に届け出ることによつて、日本の国籍を取得することができる。

② 前項の規定による届出をした者は、その届出の時に日本の国籍を取得する。

国家公務員法（昭和22年法律120号）

（政治的行為の制限）

第102条 ① 職員は、政党又は政治的目的のために、寄附金その他の利益を求め、若しくは受領し、又は何らの方法を以てするを問わず、これらの行為に関与し、あるいは選挙権の行使を除く外、人事院規則で定める政治的行為をしてはならない。

② 職員は、公選による公職の候補者となることができない。

③ 職員は、政党その他の政治的団体の役員、政治的顧問、その他これらと同様な役割をもつ構成員となることがで

きない。

第110条 ① 次の各号のいずれかに該当する者は、三年以下の懲役又は百万円以下の罰金に処する。

十九 第百二条第一項に規定する政治的行為の制限に違反した者

人事院規則14-7（政治的行為）（昭和24年人事院規則14-4）

⑥ 法第百二条第一項の規定する政治的行為とは、次に掲げるものをいう。

七 政党その他の政治的団体の機関紙たる新聞その他の刊行物を発行し、編集し、配布し又はこれらの行為を援助すること。

十三 政治的目的を有する署名又は無署名の文書、図画、音盤又は形象を発行し、回覧に供し、掲示し若しくは配布し又は多数の人に対して朗読し若しくは聴取させ、あるいはこれらの用に供するために著作し又は編集すること。

外務公務員法（昭和27年法律41号）

（外務公務員の欠格事由）

第7条 ① 国家公務員法第三十八条の規定に該当する場合のほか、国籍を有しない者又は外国の国籍を有する者は、外務公務員となることができない。

地方公務員法（昭和25年法律261号）

（懲戒）

第29条 職員が次の各号の一に該当する場合においては、これに対し懲戒処分として戒告、減給、停職又は免職の処分をすることができる。

一 この法律若しくは第五十七条に規定

する特例を定めた法律又はこれに基く条例、地方公共団体の規則若しくは地方公共団体の機関の定める規程に違反した場合

二　職務上の義務に違反し、又は職務を怠つた場合

三　全体の奉仕者たるにふさわしくない非行のあつた場合

（服務の根本基準）

第30条　すべて職員は、全体の奉仕者として公共の利益のために勤務し、且つ、職務の遂行に当つては、全力を挙げてこれに専念しなければならない。

（法令等及び上司の職務上の命令に従う義務）

第32条　職員は、その職務を遂行するに当つて、法令、条例、地方公共団体の規則及び地方公共団体の機関の定める規程に従い、且つ、上司の職務上の命令に忠実に従わなければならない。

（政治的行為の制限）

第36条　①　職員は、政党その他の政治的団体の結成に関与し、若しくはこれらの団体の役員となつてはならず、又はこれらの団体の構成員となるように、若しくはならないように勧誘運動をしてはならない。

②　職員は、特定の政党その他の政治的団体又は特定の内閣若しくは地方公共団体の執行機関を支持し、又はこれに反対する目的をもつて、あるいは公の選挙又は投票において特定の人又は事件を支持し、又はこれに反対する目的をもつて、次に掲げる政治的行為をしてはならない。ただし、当該職員の属する地方公共団体の区域（当該職員が都道府県の支庁若しくは地方事務所又は地方自治法第二百五十二条の十九第一項の指定都市の区に勤務する者であるときは、当該支庁若しくは地方事務所又は区の所管区域）外において、第一号から第三号まで及び第五号に掲げる政治的行為をすることができる。

一　公の選挙又は投票において投票をするように、又はしないように勧誘運動をすること。

二　署名運動を企画し、又は主宰する等これに積極的に関与すること。

三　寄附金その他の金品の募集に関与すること。

四　文書又は図画を地方公共団体又は特定地方独立行政法人の庁舎（特定地方独立行政法人にあつては、事務所。以下この号において同じ。）、施設等に掲示し、又は掲示させ、その他地方公共団体又は特定地方独立行政法人の庁舎、施設、資材又は資金を利用し、又は利用させること。

五　前各号に定めるものを除く外、条例で定める政治的行為

③　何人も前二項に規定する政治的行為を行うよう職員に求め、職員をそそのかし、若しくはあおつてはならず、又は職員が前二項に規定する政治的行為をなし、若しくはなさないことに対する代償若しくは報復として、任用、職務、給与その他職員の地位に関してなんらかの利益若しくは不利益を与え、与えようと企て、若しくは約束してはならない。

④　職員は、前項に規定する違法な行為に応じなかつたことの故をもつて不利益な取扱を受けることはない。

⑤　本条の規定は、職員の政治的中立性

を保障することにより、地方公共団体の行政及び特定地方独立行政法人の業務の公正な運営を確保するとともに職員の利益を保護することを目的とするものであるという趣旨において解釈され、及び運用されなければならない。

個人情報の保護に関する法律（平成15年法律57号）

（目的）

第1条　この法律は、高度情報通信社会の進展に伴い個人情報の利用が著しく拡大していることに鑑み、個人情報の適正な取扱いに関し、基本理念及び政府による基本方針の作成その他の個人情報の保護に関する施策の基本となる事項を定め、国及び地方公共団体の責務等を明らかにするとともに、個人情報を取り扱う事業者の遵守すべき義務等を定めることにより、個人情報の適正かつ効果的な活用が新たな産業の創出並びに活力ある経済社会及び豊かな国民生活の実現に資するものであることその他の個人情報の有用性に配慮しつつ、個人の権利利益を保護することを目的とする。

（定義）

第2条　①　この法律において「個人情報」とは、生存する個人に関する情報であって、次の各号のいずれかに該当するものをいう。

一　当該情報に含まれる氏名、生年月日その他の記述等（文書、図画若しくは電磁的記録（電磁的方式（電子的方式、磁気的方式その他人の知覚によっては認識することができない方式をいう。次項第二号において同

じ。）で作られる記録をいう。第十八条第二項において同じ。）に記載され、若しくは記録され、又は音声、動作その他の方法を用いて表された一切の事項（個人識別符号を除く。）をいう。以下同じ。）により特定の個人を識別することができるもの（他の情報と容易に照合することができ、それにより特定の個人を識別することができることとなるものを含む。）

二　個人識別符号が含まれるもの

教育基本法（平成18年法律120号）

（教育の目標）

第2条　教育は、その目的を実現するため、学問の自由を尊重しつつ、次に掲げる目標を達成するよう行われるものとする。

一　幅広い知識と教養を身に付け、真理を求める態度を養い、豊かな情操と道徳心を培うとともに、健やかな身体を養うこと。

二　個人の価値を尊重して、その能力を伸ばし、創造性を培い、自主及び自律の精神を養うとともに、職業及び生活との関連を重視し、勤労を重んずる態度を養うこと。

三　正義と責任、男女の平等、自他の敬愛と協力を重んずるとともに、公共の精神に基づき、主体的に社会の形成に参画し、その発展に寄与する態度を養うこと。

四　生命を尊び、自然を大切にし、環境の保全に寄与する態度を養うこと。

五　伝統と文化を尊重し、それらをはぐくんできた我が国と郷土を愛すると

ともに、他国を尊重し、国際社会の平和と発展に寄与する態度を養うこと。

第16条 ① 教育は、不当な支配に服することなく、この法律及び他の法律の定めるところにより行われるべきものであり、教育行政は、国と地方公共団体との適切な役割分担及び相互の協力の下、公正かつ適正に行われなければならない。

② 国は、全国的な教育の機会均等と教育水準の維持向上を図るため、教育に関する施策を総合的に策定し、実施しなければならない。

③ 地方公共団体は、その地域における教育の振興を図るため、その実情に応じた教育に関する施策を策定し、実施しなければならない。

④ 国及び地方公共団体は、教育が円滑かつ継続的に実施されるよう、必要な財政上の措置を講じなければならない。

電波法（昭和25年法律131号）

（欠格事由）

第5条 次の各号のいずれかに該当する者には、無線局の免許を与えない。

一 日本の国籍を有しない人

二 外国政府又はその代表者

三 外国の法人又は団体

四 法人又は団体であつて、前三号に掲げる者がその代表者であるもの又はこれらの者がその役員の三分の一以上若しくは議決権の三分の一以上を占めるもの。

民法（明治29年法律89号）

（公序良俗）

第90条 公の秩序又は善良の風俗に反する法律行為は、無効とする。

（債務不履行による損害賠償）

第415条 ① 債務者がその債務の本旨に従った履行をしないとき又は債務の履行が不能であるときは、債権者は、これによって生じた損害の賠償を請求することができる。ただし、その債務の不履行が契約その他の債務の発生原因及び取引上の社会通念に照らして債務者の責めに帰することができない事由によるものであるときは、この限りでない。

② 前項の規定により損害賠償の請求をすることができる場合において、債権者は、次に掲げるときは、債務の履行に代わる損害賠償の請求をすることができる。

一 債務の履行が不能であるとき。

二 債務者がその債務の履行を拒絶する意思を明確に表示したとき。

三 債務が契約によって生じたものである場合において、その契約が解除され、又は債務の不履行による契約の解除権が発生したとき。

（契約不適合責任）

第562条 ① 引き渡された目的物が種類、品質又は数量に関して契約の内容に適合しないものであるときは、買主は、売主に対し、目的物の修補、代替物の引渡し又は不足分の引渡しによる履行の追完を請求することができる。ただし、売主は、買主に不相当な負担を課するものでないときは、買主が請求した方法と異なる方法による履行の追完をすることができる。

② 前項の不適合が買主の責めに帰すべ

き事由によるものであるときは、買主は、同項の規定による履行の追完の請求をすることができない。

第563条 ① 前条第一項本文に規定する場合において、買主が相当の期間を定めて履行の追完の催告をし、その期間内に履行の追完がないときは、買主は、その不適合の程度に応じて代金の減額を請求することができる。

② 前項の規定にかかわらず、次に掲げる場合には、買主は、同項の催告をすることなく、直ちに代金の減額を請求することができる。

一 履行の追完が不能であるとき。

二 売主が履行の追完を拒絶する意思を明確に表示したとき。

三 契約の性質又は当事者の意思表示により、特定の日時又は一定の期間内に履行をしなければ契約をした目的を達することができない場合において、売主が履行の追完をしないでその時期を経過したとき。

四 前三号に掲げる場合のほか、買主が前項の催告をしても履行の追完を受ける見込みがないことが明らかであるとき。

③ 第一項の不適合が買主の責めに帰すべき事由によるものであるときは、買主は、前二項の規定による代金の減額の請求をすることができない。

第564条 前二条の規定は、第四百十五条の規定による損害賠償の請求並びに第五百四十一条及び第五百四十二条の規定による解除権の行使を妨げない。

（不法行為による損害賠償）

第709条 故意又は過失によって他人の権利又は法律上保護される利益を侵害

した者は、これによって生じた損害を賠償する責任を負う。

（再婚禁止期間）

第733条 ① 女は、前婚の解消又は取消しの日から起算して百日を経過した後でなければ、再婚をすることができない。

② 前項の規定は次に掲げる場合には、適用しない。

一 女が前婚の解消又は取消しの時に懐胎していなかった場合

二 女が前婚の解消又は取消しの後に出産した場合

（婚姻の届出）

第739条 ① 婚姻は、戸籍法（昭和二十二年法律第二百二十四号）の定めるところにより届け出ることによって、その効力を生ずる。

② 前項の届出は、当事者双方及び成年の証人二人以上が署名した書面で、又はこれらの者から口頭で、しなければならない。

（夫婦の氏）

第750条 夫婦は、婚姻の際に定めるところに従い、夫又は妻の氏を称する。

（嫡出の推定）

第772条 ① 妻が婚姻中に懐胎した子は、夫の子と推定する。

② 婚姻の成立の日から二百日を経過した後又は婚姻の解消若しくは取消しの日から三百日以内に生まれた子は、婚姻中に懐胎したものと推定する。

（扶養義務者）

第877条 ① 直系血族及び兄弟姉妹は、互いに扶養をする義務がある。

② 家庭裁判所は、特別の事情があるときは、前項に規定する場合のほか、三

親等内の親族間においても扶養の義務を負わせることができる。

③　前項の規定による審判があった後事情に変更を生じたときは、家庭裁判所は、その審判を取り消すことができる。

（法定相続分）

第900条　同順位の相続人が数人あるときは、その相続分は、次の各号の定めるところによる。

一　子及び配偶者が相続人であるときは、子の相続分及び配偶者の相続分は、各二分の一とする。

二　配偶者及び直系尊属が相続人であるときは、配偶者の相続分は、三分の二とし、直系尊属の相続分は、三分の一とする。

三　配偶者及び兄弟姉妹が相続人であるときは、配偶者の相続分は、四分の三とし、兄弟姉妹の相続分は、四分の一とする。

四　子、直系尊属又は兄弟姉妹が数人あるときは、各自の相続分は、相等しいものとする。ただし、父母の一方のみを同じくする兄弟姉妹の相続分は、父母の双方を同じくする兄弟姉妹の相続分の二分の一とする。

外国人土地法（大正14年法律42号）

第1条　帝国臣民又ハ帝国法人ニ対シ土地ニ関スル権利ノ享有ニ付禁止ヲ為シ又ハ条件若ハ制限ヲ附スル国ニ属スル外国人又ハ外国法人ニ対シテハ勅令ヲ以テ帝国ニ於ケル土地ニ関スル権利ノ享有ニ付同一若ハ類似ノ禁止ヲ為シ又ハ同一若ハ類似ノ条件若ハ制限ヲ附スルコトヲ得

消費者契約法（平成12年法律61号）

（消費者契約の申込み又はその承諾の意思表示の取消し）

第4条　①　消費者は、事業者が消費者契約の締結について勧誘をするに際し、当該消費者に対して次の各号に掲げる行為をしたことにより当該各号に定める誤認をし、それによって当該消費者契約の申込み又はその承諾の意思表示をしたときは、これを取り消すことができる。

一　重要事項について事実と異なることを告げること。　当該告げられた内容が事実であるとの誤認

二　物品、権利、役務その他の当該消費者契約の目的となるものに関し、将来におけるその価額、将来において当該消費者が受け取るべき金額その他の将来における変動が不確実な事項につき断定的判断を提供すること。　当該提供された断定的判断の内容が確実であるとの誤認

②　消費者は、事業者が消費者契約の締結について勧誘をするに際し、当該消費者に対してある重要事項又は当該重要事項に関連する事項について当該消費者の利益となる旨を告げ、かつ、当該重要事項について当該消費者の不利益となる事実（当該告知により当該事実が存在しないと消費者が通常考えるべきものに限る。）を故意又は重大な過失によって告げなかったことにより、当該事実が存在しないとの誤認をし、それによって当該消費者契約の申込み又はその承諾の意思表示をしたときは、これを取り消すことができる。ただし、当該事業者が当該消費者に対

し当該事実を告げようとしたにもかかわらず、当該消費者がこれを拒んだときは、この限りでない。

③ 消費者は、事業者が消費者契約の締結について勧誘をするに際し、当該消費者に対して次に掲げる行為をしたことにより困惑し、それによって当該消費者契約の申込み又はその承諾の意思表示をしたときは、これを取り消すことができる。

一 当該事業者に対し、当該消費者が、その住居又はその業務を行っている場所から退去すべき旨の意思を示したにもかかわらず、それらの場所から退去しないこと。

二 当該事業者が当該消費者契約の締結について勧誘をしている場所から当該消費者が退去する旨の意思を示したにもかかわらず、その場所から当該消費者を退去させないこと。

三 当該消費者に対し、当該消費者契約の締結について勧誘をすることを告げずに、当該消費者が任意に退去することが困難な場所であることを知りながら、当該消費者をその場所に同行し、その場所において当該消費者契約の締結について勧誘をすること。

四 当該消費者が当該消費者契約の締結について勧誘を受けている場所において、当該消費者が当該消費者契約を締結するか否かについて相談を行うために電話その他の内閣府令で定める方法によって当該事業者以外の者と連絡する旨の意思を示したにもかかわらず、威迫する言動を交えて、当該消費者が当該方法によって

連絡することを妨げること。

五 当該消費者が、社会生活上の経験が乏しいことから、次に掲げる事項に対する願望の実現に過大な不安を抱いていることを知りながら、その不安をあおり、裏付けとなる合理的な根拠がある場合その他の正当な理由がある場合でないのに、物品、権利、役務その他の当該消費者契約の目的となるものが当該願望を実現するために必要である旨を告げること。

イ 進学、就職、結婚、生計その他の社会生活上の重要な事項

ロ 容姿、体型その他の身体の特徴又は状況に関する重要な事項

六 当該消費者が、社会生活上の経験が乏しいことから、当該消費者契約の締結について勧誘を行う者に対して恋愛感情その他の好意の感情を抱き、かつ、当該勧誘を行う者も当該消費者に対して同様の感情を抱いているものと誤信していることを知りながら、これに乗じ、当該消費者契約を締結しなければ当該勧誘を行う者との関係が破綻することになる旨を告げること。

七 当該消費者が、加齢又は心身の故障によりその判断力が著しく低下していることから、生計、健康その他の事項に関しその現在の生活の維持に過大な不安を抱いていることを知りながら、その不安をあおり、裏付けとなる合理的な根拠がある場合その他の正当な理由がある場合でないのに、当該消費者契約を締結しなければその現在の生活の維持が困難となる旨を告げること。

八　当該消費者に対し、霊感その他の合
　　理的に実証することが困難な特別な
　　能力による知見として、当該消費者
　　又はその親族の生命、身体、財産そ
　　の他の重要な事項について、そのま
　　までは現在生じ、若しくは将来生じ
　　得る重大な不利益を回避することが
　　できないとの不安をあおり、又はそ
　　のような不安を抱いていることに乗
　　じて、その重大な不利益を回避する
　　ためには、当該消費者契約を締結す
　　ることが必要不可欠である旨を告げ
　　ること。
九　当該消費者が当該消費者契約の申込
　　み又はその承諾の意思表示をする前
　　に、当該消費者契約を締結したなら
　　ば負うこととなる義務の内容の全部
　　若しくは一部を実施し、又は当該消
　　費者契約の目的物の現状を変更し、
　　その実施又は変更前の原状の回復を
　　著しく困難にすること。
十　前号に掲げるもののほか、当該消費
　　者が当該消費者契約の申込み又はそ
　　の承諾の意思表示をする前に、当該
　　事業者が調査、情報の提供、物品の
　　調達その他の当該消費者契約の締結
　　を目指した事業活動を実施した場合
　　において、当該事業活動が当該消費
　　者からの特別の求めに応じたもので
　　あったことその他の取引上の社会通
　　念に照らして正当な理由がある場合
　　でないのに、当該事業活動が当該消
　　費者のために特に実施したものであ
　　る旨及び当該事業活動の実施により
　　生じた損失の補償を請求する旨を告
　　げること。
④　消費者は、事業者が消費者契約の締

結について勧誘をするに際し、物品、
権利、役務その他の当該消費者契約の
目的となるものの分量、回数又は期間
（以下この項において「分量等」とい
う。）が当該消費者にとっての通常の
分量等（消費者契約の目的となるもの
の内容及び取引条件並びに事業者がそ
の締結について勧誘をする際の消費者
の生活の状況及びこれについての当該
消費者の認識に照らして当該消費者契
約の目的となるものの分量等として通
常想定される分量等をいう。以下この
項において同じ。）を著しく超えるも
のであることを知っていた場合におい
て、その勧誘により当該消費者契約の
申込み又はその承諾の意思表示をした
ときは、これを取り消すことができ
る。事業者が消費者契約の締結につい
て勧誘をするに際し、消費者が既に当
該消費者契約の目的となるものと同種
のものを目的とする消費者契約（以下
この項において「同種契約」という。）
を締結し、当該同種契約の目的となる
ものの分量等と当該消費者契約の目的
となるものの分量等とを合算した分量
等が当該消費者にとっての通常の分量
等を著しく超えるものであることを
知っていた場合において、その勧誘に
より当該消費者契約の申込み又はその
承諾の意思表示をしたときも、同様と
する。
⑤　第一項第一号及び第二項の「重要事
　項」とは、消費者契約に係る次に掲げ
　る事項（同項の場合にあっては、第三
　号に掲げるものを除く。）をいう。
一　物品、権利、役務その他の当該消費
　　者契約の目的となるものの質、用途

附録——条文　213

その他の内容であって、消費者の当該消費者契約を締結するか否かについての判断に通常影響を及ぼすべきもの

二　物品、権利、役務その他の当該消費者契約の目的となるものの対価その他の取引条件であって、消費者の当該消費者契約を締結するか否かについての判断に通常影響を及ぼすべきもの

三　前二号に掲げるもののほか、物品、権利、役務その他の当該消費者契約の目的となるものが当該消費者の生命、身体、財産その他の重要な利益についての損害又は危険を回避するために通常必要であると判断される事情

⑥　第一項から第四項までの規定による消費者契約の申込み又はその承諾の意思表示の取消しは、これをもって善意でかつ過失がない第三者に対抗することができない。

（事業者の損害賠償の責任を免除する条項等の無効）

第8条　①　次に掲げる消費者契約の条項は、無効とする。

一　事業者の債務不履行により消費者に生じた損害を賠償する責任の全部を免除し、又は当該事業者にその責任の有無を決定する権限を付与する条項

二　事業者の債務不履行（当該事業者、その代表者又はその使用する者の故意又は重大な過失によるものに限る。）により消費者に生じた損害を賠償する責任の一部を免除し、又は当該事業者にその責任の限度を決定

する権限を付与する条項

三　消費者契約における事業者の債務の履行に際してされた当該事業者の不法行為により消費者に生じた損害を賠償する責任の全部を免除し、又は当該事業者にその責任の有無を決定する権限を付与する条項

四　消費者契約における事業者の債務の履行に際してされた当該事業者の不法行為（当該事業者、その代表者又はその使用する者の故意又は重大な過失によるものに限る。）により消費者に生じた損害を賠償する責任の一部を免除し、又は当該事業者にその責任の限度を決定する権限を付与する条項

②　前項第一号又は第二号に掲げる条項のうち、消費者契約が有償契約である場合において、引き渡された目的物が種類又は品質に関して契約の内容に適合しないとき（当該消費者契約が請負契約である場合には、請負人が種類又は品質に関して契約の内容に適合しない仕事の目的物を注文者に引き渡したとき（その引渡しを要しない場合には、仕事が終了した時に仕事の目的物が種類又は品質に関して契約の内容に適合しないとき。）。以下この項において同じ。）に、これにより消費者に生じた損害を賠償する事業者の責任を免除し、又は当該事業者にその責任の有無若しくは限度を決定する権限を付与するものについては、次に掲げる場合に該当するときは、前項の規定は、適用しない。

一　当該消費者契約において、引き渡された目的物が種類又は品質に関して

契約の内容に適合しないときに、当該事業者が履行の追完をする責任又は不適合の程度に応じた代金若しくは報酬の減額をする責任を負うこととされている場合

二　当該消費者と当該事業者の委託を受けた他の事業者との間の契約又は当該事業者と他の事業者との間の当該消費者のためにする契約で、当該消費者契約の締結に先立って又はこれと同時に締結されたものにおいて、引き渡された目的物が種類又は品質に関して契約の内容に適合しないときに、当該他の事業者が、その目的物が種類又は品質に関して契約の内容に適合しないことにより当該消費者に生じた損害を賠償する責任の全部若しくは一部を負い、又は履行の追完をする責任を負うこととされている場合

③　事業者の債務不履行（当該事業者、その代表者又はその使用する者の故意又は重大な過失によるものを除く。）又は消費者契約における事業者の債務の履行に際してされた当該事業者の不法行為（当該事業者、その代表者又はその使用する者の故意又は重大な過失によるものを除く。）により消費者に生じた損害を賠償する責任の一部を免除する消費者契約の条項であって、当該条項において事業者、その代表者又はその使用する者の重大な過失を除く過失による行為にのみ適用されることを明らかにしていないものは、無効とする。

第8条の2　事業者の債務不履行により生じた消費者の解除権を放棄させ、又は当該事業者にその解除権の有無を決定する権限を付与する消費者契約の条項は、無効とする。

第8条の3　事業者に対し、消費者が後見開始、保佐開始又は補助開始の審判を受けたことのみを理由とする解除権を付与する消費者契約（消費者が事業者に対し物品、権利、役務その他の消費者契約の目的となるものを提供することとされているものを除く。）の条項は、無効とする。

（消費者が支払う損害賠償の額を予定する条項等の無効）

第9条　次の各号に掲げる消費者契約の条項は、当該各号に定める部分について、無効とする。

一　当該消費者契約の解除に伴う損害賠償の額を予定し、又は違約金を定める条項であって、これらを合算した額が、当該条項において設定された解除の事由、時期等の区分に応じ、当該消費者契約と同種の消費者契約の解除に伴い当該事業者に生ずべき平均的な損害の額を超えるもの　当該超える部分

二　当該消費者契約に基づき支払うべき金銭の全部又は一部を消費者が支払期日（支払回数が二以上である場合には、それぞれの支払期日。以下この号において同じ。）までに支払わない場合における損害賠償の額を予定し、又は違約金を定める条項であって、これらを合算した額が、支払期日の翌日からその支払をする日までの期間について、その日数に応じ、当該支払期日に支払うべき額から当該支払期日に支払うべき額のう

ち既に支払われた額を控除した額に年十四・六パーセントの割合を乗じて計算した額を超えるもの　当該超える部分

（消費者の利益を一方的に害する条項の無効）

第10条　消費者の不作為をもって当該消費者が新たな消費者契約の申込み又はその承諾の意思表示をしたものとみなす条項その他の法令中の公の秩序に関しない規定の適用による場合に比して消費者の権利を制限し又は消費者の義務を加重する消費者契約の条項であって、民法第一条第二項に規定する基本原則に反して消費者の利益を一方的に害するものは、無効とする。

（判決等に関する情報の公表）

第39条　①　内閣総理大臣は、消費者の被害の防止及び救済に資するため、適格消費者団体から第二十三条第四項第四号から第九号まで及び第十一号の規定による報告を受けたときは、インターネットの利用その他適切な方法により、速やかに、差止請求に係る判決（確定判決と同一の効力を有するもの及び仮処分命令の申立てについての決定を含む。）又は裁判外の和解の概要、当該適格消費者団体の名称及び当該差止請求に係る相手方の氏名又は名称その他内閣府令で定める事項を公表するものとする。

②　前項に規定する事項のほか、内閣総理大臣は、差止請求関係業務に関する情報を広く国民に提供するため、インターネットの利用その他適切な方法により、適格消費者団体の名称及び住所並びに差止請求関係業務を行う事務所の所在地その他内閣府令で定める必要な情報を公表することができる。

③　内閣総理大臣は、独立行政法人国民生活センターに、前二項の情報の公表に関する業務を行わせることができる。

消費者裁判手続特例法（消費者の財産的被害の集団的な回復のための民事の裁判手続の特例に関する法律、平成25年法律96号）

（目的）

第1条　この法律は、消費者契約に関して相当多数の消費者に生じた財産的被害等（財産的被害及び精神上の苦痛を受けたことによる損害をいう。以下同じ。）について、消費者と事業者との間の情報の質及び量並びに交渉力の格差により消費者が自らその回復を図ることには困難を伴う場合があることに鑑み、その財産的被害を集団的に回復するため、特定適格消費者団体が被害回復裁判手続を追行することができることとすることにより、消費者の利益の擁護を図り、もって国民生活の安定向上と国民経済の健全な発展に寄与することを目的とする。

刑法（明治40年法律45号）（令和7年6月1日施行）

（死刑）

第11条　①　死刑は、刑事施設内において、絞首して執行する。

②　死刑の言渡しを受けた者は、その執行に至るまで刑事施設に拘置する。

（拘禁刑）

第12条　①　拘禁刑は、無期及び有期とし、有期拘禁刑は、一月以上二十年以

下とする。

② 拘禁刑は、刑事施設に拘置する。

③ 拘禁刑に処せられた者には、改善更生を図るため、必要な作業を行わせ、又は必要な指導を行うことができる。

（仮釈放）

第28条 懲役又は禁錮に処せられた者に改悛の状があるときは、有期刑についてはその刑期の三分の一を、無期刑については十年を経過した後、行政官庁の処分によって仮に釈放することができる。

（内乱）

第77条 ① 国の統治機構を破壊し、又はその領土において国権を排除して権力を行使し、その他憲法の定める統治の基本秩序を壊乱することを目的として暴動をした者は、内乱の罪とし、次の区別に従って処断する。

一 首謀者は、死刑又は無期禁錮に処する。

二 謀議に参与し、又は群衆を指揮した者は無期又は三年以上の禁錮に処し、その他諸般の職務に従事した者は一年以上十年以下の禁錮に処する。

三 付和随行し、その他単に暴動に参加した者は、三年以下の禁錮に処する。

② 前項の罪の未遂は、罰する。ただし、同項第三号に規定する者については、この限りでない。

（外患誘致）

第81条 外国と通謀して日本国に対し武力を行使させた者は、死刑に処する。

（現住建造物等放火）

第108条 放火して、現に人が住居に使用し又は現に人がいる建造物、汽車、電車、艦船又は鉱坑を焼損した者は、死刑又は無期若しくは五年以上の懲役に処する。

（汽車転覆等及び同致死）

第126条 ① 現に人がいる汽車又は電車を転覆させ、又は破壊した者は、無期又は三年以上の懲役に処する。

② 現に人がいる艦船を転覆させ、沈没させ、又は破壊した者も、前項と同様とする。

③ 前二項の罪を犯し、よって人を死亡させた者は、死刑又は無期懲役に処する。

（住居侵入等）

第130条 正当な理由がないのに、人の住居若しくは人の看守する邸宅、建造物若しくは艦船に侵入し、又は要求を受けたにもかかわらずこれらの場所から退去しなかった者は、三年以下の懲役又は十万円以下の罰金に処する。

（殺人）

第199条 人を殺した者は、死刑又は無期若しくは五年以上の懲役に処する。

（予備）

第201条 第百九十九条の罪を犯す目的で、その予備をした者は、二年以下の懲役に処する。ただし、情状により、その刑を免除することができる。

（自殺関与及び同意殺人）

第202条 人を教唆し若しくは幇助して自殺させ、又は人をその嘱託を受け若しくはその承諾を得て殺した者は、六月以上七年以下の懲役又は禁錮に処する。

（傷害致死）

第205条 身体を傷害し、よって人を死亡させた者は、三年以上の有期懲役に処する。

（過失致死）

第210条　過失により人を死亡させた者は、五十万円以下の罰金に処する。

（業務上過失致死傷等）

第211条　業務上必要な注意を怠り、よって人を死傷させた者は、五年以下の懲役若しくは禁錮又は百万円以下の罰金に処する。重大な過失により人を死傷させた者も、同様とする。

（名誉毀損）

第230条　①　公然と事実を摘示し、人の名誉を毀損した者は、その事実の有無にかかわらず、三年以下の懲役若しくは禁錮又は五十万円以下の罰金に処する。

②　死者の名誉を毀損した者は、虚偽の事実を摘示することによってした場合でなければ、罰しない。

（公共の利害に関する場合の特例）

第230条の2　①　前条第一項の行為が公共の利害に関する事実に係り、かつ、その目的が専ら公益を図ることにあったと認める場合には、事実の真否を判断し、真実であることの証明があったときは、これを罰しない。

②　前項の規定の適用については、公訴が提起されるに至っていない人の犯罪行為に関する事実は、公共の利害に関する事実とみなす。

③　前条第一項の行為が公務員又は公選による公務員の候補者に関する事実に係る場合には、事実の真否を判断し、真実であることの証明があったときは、これを罰しない。

（強盗致死傷）

第240条　強盗が、人を負傷させたときは無期又は六年以上の懲役に処し、死亡させたときは死刑又は無期懲役に処する。

（詐欺）

第246条　①　人を欺いて財物を交付させた者は、十年以下の懲役に処する。

②　前項の方法により、財産上不法の利益を得、又は他人にこれを得させた者も、同項と同様とする。

プロバイダ責任制限法（特定電気通信役務提供者の損害賠償責任の制限及び発信者情報の開示に関する法律、平成13年法律第137号）

（損害賠償責任の制限）

第3条　①　特定電気通信による情報の流通により他人の権利が侵害されたときは、当該特定電気通信の用に供される特定電気通信設備を用いる特定電気通信役務提供者（以下この項において「関係役務提供者」という。）は、これによって生じた損害については、権利を侵害した情報の不特定の者に対する送信を防止する措置を講ずることが技術的に可能な場合であって、次の各号のいずれかに該当するときでなければ、賠償の責めに任じない。ただし、当該関係役務提供者が当該権利を侵害した情報の発信者である場合は、この限りでない。

一　当該関係役務提供者が当該特定電気通信による情報の流通によって他人の権利が侵害されていることを知っていたとき。

二　当該関係役務提供者が、当該特定電気通信による情報の流通を知っていた場合であって、当該特定電気通信による情報の流通によって他人の権

利が侵害されていることを知ること
ができたと認めるに足りる相当の理
由があるとき。

② 特定電気通信役務提供者は、特定電
気通信による情報の送信を防止する措
置を講じた場合において、当該措置に
より送信を防止された情報の発信者に
生じた損害については、当該措置が当
該情報の不特定の者に対する送信を防
止するために必要な限度において行わ
れたものである場合であって、次の各
号のいずれかに該当するときは、賠償
の責めに任じない。

一 当該特定電気通信役務提供者が当該
特定電気通信による情報の流通に
よって他人の権利が不当に侵害され
ていると信じるに足りる相当の理由
があったとき。

二 特定電気通信による情報の流通に
よって自己の権利を侵害されたとす
る者から、侵害情報、侵害されたと
する権利及び権利が侵害されたとす
る理由（以下この号において「侵害
情報等」という。）を示して当該特
定電気通信役務提供者に対し侵害情
報の送信を防止する措置（以下この
号において「送信防止措置」とい
う。）を講ずるよう申出があった場
合に、当該特定電気通信役務提供者
が、当該侵害情報の発信者に対し当
該侵害情報等を示して当該送信防止
措置を講ずることに同意するかどう
かを照会した場合において、当該発
信者が当該照会を受けた日から七日
を経過しても当該発信者から当該送
信防止措置を講ずることに同意しな
い旨の申出がなかったとき。

（発信者情報の開示請求）

第5条 第五条特定電気通信による情報
の流通によって自己の権利を侵害され
たとする者は、当該特定電気通信の用
に供される特定電気通信設備を用いる
特定電気通信役務提供者に対し、当該
特定電気通信役務提供者が保有する当
該権利の侵害に係る発信者情報のう
ち、特定発信者情報（発信者情報で
あって専ら侵害関連通信に係るものと
して総務省令で定めるものをいう。以
下この項及び第十五条第二項において
同じ。）以外の発信者情報については
第一号及び第二号のいずれにも該当す
るとき、特定発信者情報については次
の各号のいずれにも該当するときは、
それぞれその開示を請求することがで
きる。

一 当該開示の請求に係る侵害情報の流
通によって当該開示の請求をする者
の権利が侵害されたことが明らかで
あるとき。

二 当該発信者情報が当該開示の請求を
する者の損害賠償請求権の行使のた
めに必要である場合その他当該発信
者情報の開示を受けるべき正当な理
由があるとき。

三 次のイからハまでのいずれかに該当
するとき。

イ 当該特定電気通信役務提供者が当
該権利の侵害に係る特定発信者情
報以外の発信者情報を保有してい
ないと認めるとき。

ロ 当該特定電気通信役務提供者が保
有する当該権利の侵害に係る特定
発信者情報以外の発信者情報が次
に掲げる発信者情報以外の発信者

情報であって総務省令で定めるも
ののみであると認めるとき。
  (1) 当該開示の請求に係る侵害情報
     の発信者の氏名及び住所
  (2) 当該権利の侵害に係る他の開示
     関係役務提供者を特定するため
     に用いることができる発信者情
     報
 ハ 当該開示の請求をする者がこの項
   の規定により開示を受けた発信者
   情報（特定発信者情報を除く。）
   によっては当該開示の請求に係る
   侵害情報の発信者を特定すること
   ができないと認めるとき。

プロバイダ責任制限法施行規則（特定電
気通信役務提供者の損害賠償責任の制限
及び発信者情報の開示に関する法律施行
規則、令和4年総務省令第39号）
  （侵害関連通信）
第5条 法第五条第三項の総務省令で定
 める識別符号その他の符号の電気通信
 による送信は、次に掲げる識別符号そ
 の他の符号の電気通信による送信で
 あって、それぞれ同項に規定する侵害
 情報の送信と相当の関連性を有するも
 のとする。
一 侵害情報の発信者が当該侵害情報の
  送信に係る特定電気通信役務の利用に
  先立って当該特定電気通信役務の利用
  に係る契約（特定電気通信を行うこと
  の許諾をその内容に含むものに限る。）
  を申し込むために当該契約の相手方で
  ある特定電気通信役務提供者によって
  あらかじめ定められた当該契約の申込
  みのための手順に従って行った、又は
  当該発信者が当該契約をしようとする

者であることの確認を受けるために当
該特定電気通信役務提供者によってあ
らかじめ定められた当該確認のための
手順に従って行った識別符号その他の
符号の電気通信による送信（当該侵害
情報の送信より前に行ったものに限
る。）
二 侵害情報の発信者が前号の契約に係
  る特定電気通信役務を利用し得る状態
  にするために当該契約の相手方である
  特定電気通信役務提供者によってあら
  かじめ定められた当該特定電気通信役
  務を利用し得る状態にするための手順
  に従って行った、又は当該発信者が当
  該契約をした者であることの確認を受
  けるために当該特定電気通信役務提供
  者によってあらかじめ定められた当該
  確認のための手順に従って行った識別
  符号その他の符号の電気通信による送
  信
三 侵害情報の発信者が前号の特定電気
  通信役務を利用し得る状態を終了する
  ために当該特定電気通信役務を提供す
  る特定電気通信役務提供者によってあ
  らかじめ定められた当該特定電気通信
  役務を利用し得る状態を終了するため
  の手順に従って行った識別符号その他
  の符号の電気通信による送信
四 第一号の契約をした侵害情報の発信
  者が当該契約を終了させるために当該
  契約の相手方である特定電気通信役務
  提供者によってあらかじめ定められた
  当該契約を終了させるための手順に
  従って行った識別符号その他の符号の
  電気通信による送信（当該侵害情報の
  送信より後に行ったものに限る。）

刑事訴訟法（昭和23年法律131号）

第475条 ① 死刑の執行は、法務大臣の命令による。

② 前項の命令は、判決確定の日から六箇月以内にこれをしなければならない。但し、上訴権回復若しくは再審の請求、非常上告又は恩赦の出願若しくは申出がされその手続が終了するまでの期間及び共同被告人であつた者に対する判決が確定するまでの期間は、これをその期間に算入しない。

第477条 ① 死刑は、検察官、検察事務官及び刑事施設の長又はその代理者の立会いの上、これを執行しなければならない。

② 検察官又は刑事施設の長の許可を受けた者でなければ、刑場に入ることはできない。

少年法（昭和23年法律168号）（令和7年6月1日施行）

（審判の方式）

第22条 ① 審判は、懇切を旨として、和やかに行うとともに、非行のある少年に対し自己の非行について内省を促すものとしなければならない。

② 審判は、これを公開しない。

③ 審判の指揮は、裁判長が行う。

（死刑と無期拘禁刑の緩和）

第51条 ① 罪を犯すとき十八歳に満たない者に対しては、死刑をもつて処断すべきときは、無期拘禁刑を科する。

② 罪を犯すとき十八歳に満たない者に対しては、無期拘禁刑をもつて処断すべきときであつても、有期拘禁刑を科することができる。この場合において、その刑は、十年以上二十年以下に

おいて言い渡す。

（記事等の掲載の禁止）

第61条 家庭裁判所の審判に付された少年又は少年のとき犯した罪により公訴を提起された者については、氏名、年齢、職業、住居、容ぼう等によりその者が当該事件の本人であることを推知することができるような記事又は写真を新聞紙その他の出版物に掲載してはならない。

刑事補償法（昭和25年法律1号）

（補償の内容）

第4条 ③ 死刑の執行による補償においては、三千万円以内で裁判所の相当と認める額の補償金を交付する。ただし、本人の死亡によつて生じた財産上の損失額が証明された場合には、補償金の額は、その損失額に三千万円を加算した額の範囲内とする。

労働基準法（昭和22年法律49号）

（労働条件の原則）

第1条 ① 労働条件は、労働者が人たるに値する生活を営むための必要を充たすべきものでなければならない。

② この法律で定める労働条件の基準は最低のものであるから、労働関係の当事者は、この基準を理由として労働条件を低下させてはならないことはもとより、その向上を図るように努めなければならない。

（均等待遇）

第3条 使用者は、労働者の国籍、信条又は社会的身分を理由として、賃金、労働時間その他の労働条件について、差別的取扱をしてはならない。

（男女同一賃金の原則）

第4条 　使用者は、労働者が女性であることを理由として、賃金について、男性と差別的取扱いをしてはならない。

（この法律違反の契約）

第13条 　この法律で定める基準に達しない労働条件を定める労働契約は、その部分については無効とする。この場合において、無効となつた部分は、この法律で定める基準による。

（労働条件の明示）

第15条 　① 　使用者は、労働契約の締結に際し、労働者に対して賃金、労働時間その他の労働条件を明示しなければならない。この場合において、賃金及び労働時間に関する事項その他の厚生労働省令で定める事項については、厚生労働省令で定める方法により明示しなければならない。

② 　前項の規定によつて明示された労働条件が事実と相違する場合においては、労働者は、即時に労働契約を解除することができる。

③ 　前項の場合、就業のために住居を変更した労働者が、契約解除の日から十四日以内に帰郷する場合においては、使用者は、必要な旅費を負担しなければならない。

（労働時間）

第32条 　① 　使用者は、労働者に、休憩時間を除き一週間について四十時間を超えて、労働させてはならない。

② 　使用者は、一週間の各日については、労働者に、休憩時間を除き一日について八時間を超えて、労働させてはならない。

（時間外及び休日の労働）

第36条 　① 　使用者は、当該事業場に、労働者の過半数で組織する労働組合がある場合においてはその労働組合、労働者の過半数で組織する労働組合がない場合においては労働者の過半数を代表する者との書面による協定をし、厚生労働省令で定めるところによりこれを行政官庁に届け出た場合においては、第三十二条から第三十二条の五まで若しくは第四十条の労働時間（以下この条において「労働時間」という。）又は前条の休日（以下この条において「休日」という。）に関する規定にかかわらず、その協定で定めるところによつて労働時間を延長し、又は休日に労働させることができる。

② 　前項の協定においては、次に掲げる事項を定めるものとする。

一 　この条の規定により労働時間を延長し、又は休日に労働させることができることとされる労働者の範囲

二 　対象期間（この条の規定により労働時間を延長し、又は休日に労働させることができる期間をいい、一年間に限るものとする。第四号及び第六項第三号において同じ。）

三 　労働時間を延長し、又は休日に労働させることができる場合

四 　対象期間における一日、一箇月及び一年のそれぞれの期間について労働時間を延長して労働させることができる時間又は労働させることができる休日の日数

五 　労働時間の延長及び休日の労働を適正なものとするために必要な事項として厚生労働省令で定める事項

最低賃金法（昭和34年法律137号）

（地域別最低賃金の原則）

第9条 ①　賃金の低廉な労働者について、賃金の最低額を保障するため、地域別最低賃金（一定の地域ごとの最低賃金をいう。以下同じ。）は、あまねく全国各地域について決定されなければならない。

②　地域別最低賃金は、地域における労働者の生計費及び賃金並びに通常の事業の賃金支払能力を考慮して定められなければならない。

③　前項の労働者の生計費を考慮するに当たつては、労働者が健康で文化的な最低限度の生活を営むことができるよう、生活保護に係る施策との整合性に配慮するものとする。

（特定最低賃金の決定等）

第15条 ①　労働者又は使用者の全部又は一部を代表する者は、厚生労働省令で定めるところにより、厚生労働大臣又は都道府県労働局長に対し、当該労働者若しくは使用者に適用される一定の事業若しくは職業に係る最低賃金（以下「特定最低賃金」という。）の決定又は当該労働者若しくは使用者に現に適用されている特定最低賃金の改正若しくは廃止の決定をするよう申し出ることができる。

②　厚生労働大臣又は都道府県労働局長は、前項の規定による申出があつた場合において必要があると認めるときは、最低賃金審議会の調査審議を求め、その意見を聴いて、当該申出に係る特定最低賃金の決定又は当該申出に係る特定最低賃金の改正若しくは廃止の決定をすることができる。

男女雇用機会均等法（雇用の分野における男女の均等な機会及び待遇の確保等に関する法律、昭和47年法律113号）

（性別を理由とする差別の禁止）

第5条　事業主は、労働者の募集及び採用について、その性別にかかわりなく均等な機会を与えなければならない。

第6条　事業主は、次に掲げる事項について、労働者の性別を理由として、差別的取扱いをしてはならない。

一　労働者の配置（業務の配分及び権限の付与を含む。）、昇進、降格及び教育訓練

二　住宅資金の貸付けその他これに準ずる福利厚生の措置であつて厚生労働省令で定めるもの

三　労働者の職種及び雇用形態の変更

四　退職の勧奨、定年及び解雇並びに労働契約の更新

（性別以外の事由を要件とする措置）

第7条　事業主は、募集及び採用並びに前条各号に掲げる事項に関する措置であつて労働者の性別以外の事由を要件とするもののうち、措置の要件を満たす男性及び女性の比率その他の事情を勘案して実質的に性別を理由とする差別となるおそれがある措置として厚生労働省令で定めるものについては、当該措置の対象となる業務の性質に照らして当該措置の実施が当該業務の遂行上特に必要である場合、事業の運営の状況に照らして当該措置の実施が雇用管理上特に必要である場合その他の合理的な理由がある場合でなければ、これを講じてはならない。

労働契約法（平成19年法律128号）

（有期労働契約の期間の定めのない労働契約への転換）

第18条 ① 同一の使用者との間で締結された二以上の有期労働契約（契約期間の始期の到来前のものを除く。以下この条において同じ。）の契約期間を通算した期間（次項において「通算契約期間」という。）が五年を超える労働者が、当該使用者に対し、現に締結している有期労働契約の契約期間が満了する日までの間に、当該満了する日の翌日から労務が提供される期間の定めのない労働契約の締結の申込みをしたときは、使用者は当該申込みを承諾したものとみなす。この場合において、当該申込みに係る期間の定めのない労働契約の内容である労働条件は、現に締結している有期労働契約の内容である労働条件（契約期間を除く。）と同一の労働条件（当該労働条件（契約期間を除く。）について別段の定めがある部分を除く。）とする。

② 当該使用者との間で締結された一の有期労働契約の契約期間が満了した日と当該使用者との間で締結されたその次の有期労働契約の契約期間の初日との間にこれらの契約期間のいずれにも含まれない期間（これらの契約期間が連続すると認められるものとして厚生労働省令で定める基準に該当する場合の当該いずれにも含まれない期間を除く。以下この項において「空白期間」という。）があり、当該空白期間が六月（当該空白期間の直前に満了した一の有期労働契約の契約期間（当該一の有期労働契約を含む二以上の有期労働契約の契約期間の間に空白期間がない

ときは、当該二以上の有期労働契約の契約期間を通算した期間。以下この項において同じ。）が一年に満たない場合にあっては、当該一の有期労働契約の契約期間に二分の一を乗じて得た期間を基礎として厚生労働省令で定める期間）以上であるときは、当該空白期間前に満了した有期労働契約の契約期間は、通算契約期間に算入しない。

（有期労働契約の更新等）

第19条 有期労働契約であって次の各号のいずれかに該当するものの契約期間が満了する日までの間に労働者が当該有期労働契約の更新の申込みをした場合又は当該契約期間の満了後遅滞なく有期労働契約の締結の申込みをした場合であって、使用者が当該申込みを拒絶することが、客観的に合理的な理由を欠き、社会通念上相当であると認められないときは、使用者は、従前の有期労働契約の内容である労働条件と同一の労働条件で当該申込みを承諾したものとみなす。

一 当該有期労働契約が過去に反復して更新されたことがあるものであって、その契約期間の満了時に当該有期労働契約を更新しないことにより当該有期労働契約を終了させることが、期間の定めのない労働契約を締結している労働者に解雇の意思表示をすることにより当該期間の定めのない労働契約を終了させることと社会通念上同視できると認められること。

二 当該労働者において当該有期労働契約の契約期間の満了時に当該有期労働契約が更新されるものと期待する

ことについて合理的な理由があるものであると認められること。

パートタイム・有期雇用労働法（短時間労働者及び有期雇用労働者の雇用管理の改善等に関する法律、平成 5 年法律76号）

（定義）

第 2 条 ①　この法律において「短時間労働者」とは、一週間の所定労働時間が同一の事業所に雇用される通常の労働者（当該事業主に雇用される通常の労働者と同種の業務に従事する当該事業主に雇用される労働者にあっては、厚生労働省令で定める場合を除き、当該労働者と同種の業務に従事する当該通常の労働者）の一週間の所定労働時間に比し短い労働者をいう。

②この法律において「有期雇用労働者」とは、事業主と期間の定めのある労働契約を締結している労働者をいう。

③この法律において「短時間・有期雇用労働者」とは、短時間労働者及び有期雇用労働者をいう。

（労働条件に関する文書の交付等）

第 6 条 ①　事業主は、短時間・有期雇用労働者を雇い入れたときは、速やかに、当該短時間・有期雇用労働者に対して、労働条件に関する事項のうち労働基準法（昭和二十二年法律第四十九号）第十五条第一項に規定する厚生労働省令で定める事項以外のものであって厚生労働省令で定めるもの（次項及び第十四条第一項において「特定事項」という。）を文書の交付その他厚生労働省令で定める方法（次項において「文書の交付等」という。）により

明示しなければならない。

②　事業主は、前項の規定に基づき特定事項を明示するときは、労働条件に関する事項のうち特定事項及び労働基準法第十五条第一項に規定する厚生労働省令で定める事項以外のものについても、文書の交付等により明示するように努めるものとする。

（不合理な待遇の禁止）

第 8 条　事業主は、その雇用する短時間・有期雇用労働者の基本給、賞与その他の待遇のそれぞれについて、当該待遇に対応する通常の労働者の待遇との間において、当該短時間・有期雇用労働者及び通常の労働者の業務の内容及び当該業務に伴う責任の程度（以下「職務の内容」という。）、当該職務の内容及び配置の変更の範囲その他の事情のうち、当該待遇の性質及び当該待遇を行う目的に照らして適切と認められるものを考慮して、不合理と認められる相違を設けてはならない。

（通常の労働者と同視すべき短時間・有期雇用労働者に対する差別的取扱いの禁止）

第 9 条　事業主は、職務の内容が通常の労働者と同一の短時間・有期雇用労働者（第十一条第一項において「職務内容同一短時間・有期雇用労働者」という。）であって、当該事業所における慣行その他の事情からみて、当該事業主との雇用関係が終了するまでの全期間において、その職務の内容及び配置が当該通常の労働者の職務の内容及び配置の変更の範囲と同一の範囲で変更されることが見込まれるもの（次条及び同項において「通常の労働者と同視

すべき短時間・有期雇用労働者」という。）については、短時間・有期雇用労働者であることを理由として、基本給、賞与その他の待遇のそれぞれについて、差別的取扱いをしてはならない。

（通常の労働者への転換）

第13条 事業主は、通常の労働者への転換を推進するため、その雇用する短時間・有期雇用労働者について、次の各号のいずれかの措置を講じなければならない。

一 通常の労働者の募集を行う場合において、当該募集に係る事業所に掲示すること等により、その者が従事すべき業務の内容、賃金、労働時間その他の当該募集に係る事項を当該事業所において雇用する短時間・有期雇用労働者に周知すること。

二 通常の労働者の配置を新たに行う場合において、当該配置の希望を申し出る機会を当該配置に係る事業所において雇用する短時間・有期雇用労働者に対して与えること。

三 一定の資格を有する短時間・有期雇用労働者を対象とした通常の労働者への転換のための試験制度を設けることその他の通常の労働者への転換を推進するための措置を講ずること。

（過料）

第31条 第六条第一項の規定に違反した者は、十万円以下の過料に処する。

労働施策総合推進法（労働施策の総合的な推進並びに労働者の雇用の安定及び職業生活の充実等に関する法律、昭和41年法律132号）

（募集及び採用における年齢にかかわりない均等な機会の確保）

第9条 事業主は、労働者がその有する能力を有効に発揮するために必要であると認められるときとして厚生労働省令で定めるときは、労働者の募集及び採用について、厚生労働省令で定めるところにより、その年齢にかかわりなく均等な機会を与えなければならない。

高年齢者雇用安定法（高年齢者等の雇用の安定等に関する法律、昭和46年法律68号）

（定年を定める場合の年齢）

第8条 事業主がその雇用する労働者の定年（以下単に「定年」という。）の定めをする場合には、当該定年は、六十歳を下回ることができない。ただし、当該事業主が雇用する労働者のうち、高年齢者が従事することが困難であると認められる業務として厚生労働省令で定める業務に従事している労働者については、この限りでない。

（高年齢者雇用確保措置）

第9条 ① 定年（六十五歳未満のものに限る。以下この条において同じ。）の定めをしている事業主は、その雇用する高年齢者の六十五歳までの安定した雇用を確保するため、次の各号に掲げる措置（以下「高年齢者雇用確保措置」という。）のいずれかを講じなければならない。

一 当該定年の引上げ

二 継続雇用制度（現に雇用している高年齢者が希望するときは、当該高年齢者をその定年後も引き続いて雇用する制度をいう。以下同じ。）の導入

三　当該定年の定めの廃止

② 継続雇用制度には、事業主が、特殊関係事業主（当該事業主の経営を実質的に支配することが可能となる関係にある事業主その他の当該事業主と特殊の関係のある事業主として厚生労働省令で定める事業主をいう。以下この項において同じ。）との間で、当該事業主の雇用する高年齢者であつてその定年後に雇用されることを希望するものをその定年後に当該特殊関係事業主が引き続いて雇用することを約する契約を締結し、当該契約に基づき当該高年齢者の雇用を確保する制度が含まれるものとする。

生活保護法 （昭25年法律144号）

（この法律の目的）

第1条　この法律は、日本国憲法第二十五条　に規定する理念に基き、国が生活に困窮するすべての国民に対し、その困窮の程度に応じ、必要な保護を行い、その最低限度の生活を保障するとともに、その自立を助長することを目的とする。

（無差別平等）

第2条　すべて国民は、この法律の定める要件を満たす限り、この法律による保護（以下「保護」という。）を、無差別平等に受けることができる。

（最低生活）

第3条　この法律により保障される最低限度の生活は、健康で文化的な生活水準を維持することができるものでなければならない。

（保護の補足性）

第4条　① 保護は、生活に困窮する者が、その利用し得る資産、能力その他あらゆるものを、その最低限度の生活の維持のために活用することを要件として行われる。

② 民法 （明治二十九年法律第八十九号）に定める扶養義務者の扶養及び他の法律に定める扶助は、すべてこの法律による保護に優先して行われるものとする。

③ 前二項の規定は、急迫した事由がある場合に、必要な保護を行うことを妨げるものではない。

（基準及び程度の原則）

第8条　① 保護は、厚生労働大臣の定める基準により測定した要保護者の需要を基とし、そのうち、その者の金銭又は物品で満たすことのできない不足分を補う程度において行うものとする。

② 前項の基準は、要保護者の年齢別、性別、世帯構成別、所在地域別その他保護の種類に応じて必要な事情を考慮した最低限度の生活の需要を満たすに十分なものであつて、且つ、これをこえないものでなければならない。

（世帯単位の原則）

第10条　保護は、世帯を単位としてその要否及び程度を定めるものとする。但し、これによりがたいときは、個人を単位として定めることができる。

（種類）

第11条　① 保護の種類は、次のとおりとする。

一　生活扶助

二　教育扶助

三　住宅扶助

四　医療扶助

五　介護扶助

附録——条文　227

六　出産扶助
七　生業扶助
八　葬祭扶助
②　前項各号の扶助は、要保護者の必要に応じ、単給又は併給として行われる。
（調査の嘱託及び報告の請求）
第29条　保護の実施機関及び福祉事務所長は、保護の決定又は実施のために必要があるときは、要保護者又はその扶養義務者の資産及び収入の状況につき、官公署に調査を嘱託し、又は銀行、信託会社、要保護者若しくはその扶養義務者の雇主その他の関係人に、報告を求めることができる。
（不利益変更の禁止）
第56条　被保護者は、正当な理由がなければ、既に決定された保護を、不利益に変更されることがない。
（費用返還義務）
第63条　被保護者が、急迫の場合等において資力があるにもかかわらず、保護を受けたときは、保護に要する費用を支弁した都道府県又は市町村に対して、すみやかに、その受けた保護金品に相当する金額の範囲内において保護の実施機関の定める額を返還しなければならない。
第78条　①　不実の申請その他不正な手段により保護を受け、又は他人をして受けさせた者があるときは、保護費を支弁した都道府県又は市町村の長は、その費用の全部又は一部を、その者から徴収するほか、その徴収する額に百分の四十を乗じて得た額以下の金額を徴収することができる。
（罰則）
第85条　不実の申請その他不正な手段に

より保護を受け、又は他人をして受けさせた者は、三年以下の懲役又は百万円以下の罰金に処する。ただし、刑法（明治四十年法律第四十五号）に正条があるときは、刑法による。

老人保健法（高齢者の医療の確保に関する法律、昭和57年法律80号）
（基本的理念）
第２条　①　国民は、自助と連帯の精神に基づき、自ら加齢に伴つて生ずる心身の変化を自覚して常に健康の保持増進に努めるとともに、高齢者の医療に要する費用を公平に負担するものとする。
②　国民は、年齢、心身の状況等に応じ、職域若しくは地域又は家庭において、高齢期における健康の保持を図るための適切な保健サービスを受ける機会を与えられるものとする。

知的財産基本法（平成14年法律122号）
（定義）
第２条　①　この法律で「知的財産」とは、発明、考案、植物の新品種、意匠、著作物その他の人間の創造的活動により生み出されるもの（発見又は解明がされた自然の法則又は現象であって、産業上の利用可能性があるものを含む。）、商標、商号その他事業活動に用いられる商品又は役務を表示するもの及び営業秘密その他の事業活動に有用な技術上又は営業上の情報をいう。
②　この法律で「知的財産権」とは、特許権、実用新案権、育成者権、意匠権、著作権、商標権その他の知的財産に関して法令により定められた権利又は法

律上保護される利益に係る権利をいう。

著作権法（昭和45年法律48号）

（目的）

第1条　この法律は、著作物並びに実演、レコード、放送及び有線放送に関し著作者の権利及びこれに隣接する権利を定め、これらの文化的所産の公正な利用に留意しつつ、著作者等の権利の保護を図り、もつて文化の発展に寄与することを目的とする。

（定義）

第2条　①　この法律において、次の各号に掲げる用語の意義は、当該各号に定めるところによる。

一　著作物　思想又は感情を創作的に表現したものであつて、文芸、学術、美術又は音楽の範囲に属するものをいう。

二　著作者　著作物を創作する者をいう。

（複製権）

第21条　著作者は、その著作物を複製する権利を専有する。

（公衆送信権等）

第23条　①　著作者は、その著作物について、公衆送信（自動公衆送信の場合にあつては、送信可能化を含む。）を行う権利を専有する。

②　著作者は、公衆送信されるその著作物を受信装置を用いて公に伝達する権利を専有する。

（私的使用のための複製）

第30条　①　著作権の目的となつている著作物（以下この款において単に「著作物」という。）は、個人的に又は家庭内その他これに準ずる限られた範囲内において使用すること（以下「私的

使用」という。）を目的とするときは、次に掲げる場合を除き、その使用する者が複製することができる。

（著作物に表現された思想又は感情の享受を目的としない利用）

第30条の4　著作物は、次に掲げる場合その他の当該著作物に表現された思想又は感情を自ら享受し又は他人に享受させることを目的としない場合には、その必要と認められる限度において、いずれの方法によるかを問わず、利用することができる。ただし、当該著作物の種類及び用途並びに当該利用の態様に照らし著作権者の利益を不当に害することとなる場合は、この限りでない。

一　著作物の録音、録画その他の利用に係る技術の開発又は実用化のための試験の用に供する場合

二　情報解析（多数の著作物その他の大量の情報から、当該情報を構成する言語、音、影像その他の要素に係る情報を抽出し、比較、分類その他の解析を行うことをいう。第四十七条の五第一項第二号において同じ。）の用に供する場合

三　前二号に掲げる場合のほか、著作物の表現についての人の知覚による認識を伴うことなく当該著作物を電子計算機による情報処理の過程における利用その他の利用（プログラムの著作物にあつては、当該著作物の電子計算機における実行を除く。）に供する場合

特許法（昭和34年法律121号）

（目的）

附録——条文　229

第1条　この法律は、発明の保護及び利用を図ることにより、発明を奨励し、もつて産業の発達に寄与することを目的とする。

（定義）

第2条　①　この法律で「発明」とは、自然法則を利用した技術的思想の創作のうち高度のものをいう。

②　この法律で「特許発明」とは、特許を受けている発明をいう。

③　この法律で発明について「実施」とは、次に掲げる行為をいう。

一　物（プログラム等を含む。以下同じ。）の発明にあつては、その物の生産、使用、譲渡等（譲渡及び貸渡しをいい、その物がプログラム等である場合には、電気通信回線を通じた提供を含む。以下同じ。）、輸出若しくは輸入又は譲渡等の申出（譲渡等のための展示を含む。以下同じ。）をする行為

二　方法の発明にあつては、その方法の使用をする行為

三　物を生産する方法の発明にあつては、前号に掲げるもののほか、その方法により生産した物の使用、譲渡等、輸出若しくは輸入又は譲渡等の申出をする行為

④　この法律で「プログラム等」とは、プログラム（電子計算機に対する指令であつて、一の結果を得ることができるように組み合わされたものをいう。以下この項において同じ。）その他電子計算機による処理の用に供する情報であつてプログラムに準ずるものをいう。

（特許の要件）

第29条　①　産業上利用することができる発明をした者は、次に掲げる発明を除き、その発明について特許を受けることができる。

一　特許出願前に日本国内又は外国において公然知られた発明

二　特許出願前に日本国内又は外国において公然実施をされた発明

三　特許出願前に日本国内又は外国において、頒布された刊行物に記載された発明又は電気通信回線を通じて公衆に利用可能となつた発明

②　特許出願前にその発明の属する技術の分野における通常の知識を有する者が前項各号に掲げる発明に基いて容易に発明をすることができたときは、その発明については、同項の規定にかかわらず、特許を受けることができない。

（特許出願）

第36条　①　特許を受けようとする者は、次に掲げる事項を記載した願書を特許庁長官に提出しなければならない。

一　特許出願人の氏名又は名称及び住所又は居所

二　発明者の氏名及び住所又は居所

②　願書には、明細書、特許請求の範囲、必要な図面及び要約書を添付しなければならない。

③　前項の明細書には、次に掲げる事項を記載しなければならない。

一　発明の名称

二　図面の簡単な説明

三　発明の詳細な説明

（特許権の設定の登録）

第66条　①　特許権は、設定の登録により発生する。

②　第百七条第一項の規定による第一年

から第三年までの各年分の特許料の納付又はその納付の免除若しくは猶予があつたときは、特許権の設定の登録をする。

③ 前項の登録があつたときは、次に掲げる事項を特許公報に掲載しなければならない。ただし、第五号に掲げる事項については、その特許出願について出願公開がされているときは、この限りでない。

一 特許権者の氏名又は名称及び住所又は居所

二 特許出願の番号及び年月日

三 発明者の氏名及び住所又は居所

四 願書に添付した明細書及び特許請求の範囲に記載した事項並びに図面の内容

五 願書に添付した要約書に記載した事項

六 特許番号及び設定の登録の年月日

七 前各号に掲げるもののほか、必要な事項

④ 第六十四条第三項の規定は、前項の規定により同項第五号の要約書に記載した事項を特許公報に掲載する場合に準用する。

（存続期間）

第67条 ① 特許権の存続期間は、特許出願の日から二十年をもつて終了する。

② 前項に規定する存続期間は、特許権の設定の登録が特許出願の日から起算して五年を経過した日又は出願審査の請求があつた日から起算して三年を経過した日のいずれか遅い日（以下「基準日」という。）以後にされたときは、延長登録の出願により延長することができる。

④ 第一項に規定する存続期間（第二項の規定により延長されたときは、その延長の期間を加えたもの。第六十七条の五第三項ただし書、第六十八条の二及び第百七条第一項において同じ。）は、その特許発明の実施について安全性の確保等を目的とする法律の規定による許可その他の処分であつて当該処分の目的、手続等からみて当該処分を的確に行うには相当の期間を要するものとして政令で定めるものを受けることが必要であるために、その特許発明の実施をすることができない期間があつたときは、五年を限度として、延長登録の出願により延長することができる。

（特許権の効力）

第68条 特許権者は、業として特許発明の実施をする権利を専有する。ただし、その特許権について専用実施権を設定したときは、専用実施権者がその特許発明の実施をする権利を専有する範囲については、この限りでない。

（特許権の効力が及ばない範囲）

第69条 ① 特許権の効力は、試験又は研究のためにする特許発明の実施には、及ばない。

② 特許権の効力は、次に掲げる物には、及ばない。

一 単に日本国内を通過するに過ぎない船舶若しくは航空機又はこれらに使用する機械、器具、装置その他の物

二 特許出願の時から日本国内にある物

③ 二以上の医薬（人の病気の診断、治療、処置又は予防のため使用する物をいう。以下この項において同じ。）を混合することにより製造されるべき医

薬の発明又は二以上の医薬を混合して
医薬を製造する方法の発明に係る特許
権の効力は、医師又は歯科医師の処方
せんにより調剤する行為及び医師又は
歯科医師の処方せんにより調剤する医
薬には、及ばない。

医薬品医療機器等法（医薬品、医療機器
等の品質、有効性及び安全性の確保等に
関する法律、昭和35年法律145号）
　（医薬品、医薬部外品及び化粧品の製
　造販売の承認）
第14条　①　医薬品（厚生労働大臣が基
　準を定めて指定する医薬品を除く。）、
　医薬部外品（厚生労働大臣が基準を定
　めて指定する医薬部外品を除く。）又
　は厚生労働大臣の指定する成分を含有
　する化粧品の製造販売をしようとする
　者は、品目ごとにその製造販売につい
　ての厚生労働大臣の承認を受けなけれ
　ばならない。

医療法（昭和23年法律205号）
第1条の4　①　医師、歯科医師、薬剤
　師、看護師その他の医療の担い手は、
　第一条の二に規定する理念に基づき、
　医療を受ける者に対し、良質かつ適切
　な医療を行うよう努めなければならな
　い。
②　医師、歯科医師、薬剤師、看護師そ
　の他の医療の担い手は、医療を提供す
　るに当たり、適切な説明を行い、医療
　を受ける者の理解を得るよう努めなけ
　ればならない。
③　医療提供施設において診療に従事す
　る医師及び歯科医師は、医療提供施設
　相互間の機能の分担及び業務の連携に

資するため、必要に応じ、医療を受け
る者を他の医療提供施設に紹介し、そ
の診療に必要な限度において医療を受
ける者の診療又は調剤に関する情報を
他の医療提供施設において診療又は調
剤に従事する医師若しくは歯科医師又
は薬剤師に提供し、及びその他必要な
措置を講ずるよう努めなければならな
い。
④　病院又は診療所の管理者は、当該病
院又は診療所を退院する患者が引き続
き療養を必要とする場合には、保健医
療サービス又は福祉サービスを提供す
る者との連携を図り、当該患者が適切
な環境の下で療養を継続することがで
きるよう配慮しなければならない。
⑤　医療提供施設の開設者及び管理者
は、医療技術の普及及び医療の効率的
な提供に資するため、当該医療提供施
設の建物又は設備を、当該医療提供施
設に勤務しない医師、歯科医師、薬剤
師、看護師その他の医療の担い手の診
療、研究又は研修のために利用させる
よう配慮しなければならない。

性同一性障害特例法（性同一性障害者の
性別の取扱の特例に関する法律、平成15
年法律111号）
　（趣旨）
第1条　この法律は、性同一性障害者に
　関する法令上の性別の取扱いの特例に
　ついて定めるものとする。
　（定義）
第2条　この法律において「性同一性障
　害者」とは、生物学的には性別が明ら
　かであるにもかかわらず、心理的には
　それとは別の性別（以下「他の性別」

という。）であるとの持続的な確信を持ち、かつ、自己を身体的及び社会的に他の性別に適合させようとする意思を有する者であって、そのことについてその診断を的確に行うために必要な知識及び経験を有する二人以上の医師の一般に認められている医学的知見に基づき行う診断が一致しているものをいう。

（性別の取扱いの変更の審判）

第3条 ① 家庭裁判所は、性同一性障害者であって次の各号のいずれにも該当するものについて、その者の請求により、性別の取扱いの変更の審判をすることができる。

一 十八歳以上であること。

二 現に婚姻していないこと。

三 現に未成年の子がいないこと。

四 生殖腺がないこと又は生殖腺の機能を永続的に欠く状態にあること。

五 その身体について他の性別に係る身体の性器に係る部分に近似する外観を備えていること。

② 前項の請求をするには、同項の性同一性障害者に係る前条の診断の結果並びに治療の経過及び結果その他の厚生労働省令で定める事項が記載された医師の診断書を提出しなければならない。

旧「優生保護法」（昭和23年法律156号により成立、平成8年法律105号により優生条項は削除して題名を「母体保護法」に改題。）

（この法律の目的）

第1条 この法律は、優生上の見地から不良な子孫の出生を防止するとともに、母性の生命健康を保護することを

目的とする。

（定義）

第2条 ① この法律で優生手術とは、生殖腺を除去することなしに、生殖を不能にする手術で命令をもって定めるものをいう。

② この法律で人工妊娠中絶とは、胎児が、母体外において、生命を保続することのできない時期に、人工的に胎児及びその附属物を母体外に排出することをいう。

（任意の優生手術）

第3条 ① 医師は、左の各号の一に該当する者に対して、本人の同意並びに配偶者（届出をしないが事実上婚姻関係と同様な事情にある者を含む。以下同じ。）があるときはその同意を得て、任意に、優生手術を行うことができる。但し、未成年者、精神病者又は精神薄弱者については、この限りでない。

一 本人又は配偶者が遺伝性精神変質症、遺伝性病的性格、遺伝性身体疾患又は遺伝性奇形を有しているもの

二 本人又は配偶者の四親等以内の血族関係にある者が、遺伝性精神病、遺伝性精神薄弱、遺伝性精神変質症、遺伝性病的性格、遺伝性身体疾患又は遺伝性奇形を有し、且つ、子孫にこれが遺伝する虞のあるもの

三 本人又は配偶者が、癩疾患に罹り、且つ子孫にこれが伝染する虞れのあるもの

四 妊娠又は分娩が、母体の生命に危険を及ぼす虞れのあるもの

五 現に数人の子を有し、且つ、分娩ごとに、母体の健康度を著しく低下する虞れのあるもの

② 前項の同意は、配偶者が知れないとき又はその意思を表示することができないときは本人の同意だけで足りる。

（強制優生手術の審査の申請）

第4条 医師は、診断の結果、別表に掲げる疾患に罹っていることを確認した場合において、その者に対し、その疾患の遺伝を防止するため優生手術を行うことが公益上必要であると認めるときは、前条の同意を得なくとも、都道府県優生保護委員会に優生手術を行うことの適否に関する審査を申請することができる。

鉄道営業法（明治33年法律65号）

第35条 鉄道係員ノ許諾ヲ受ケスシテ車内、停車場其ノ他鉄道地内ニ於テ旅客又ハ公衆ニ対シ寄附ヲ請ヒ、物品ノ購買ヲ求メ、物品ヲ配付シ其ノ他演説勧誘等ノ所為ヲ為シタル者ハ科料ニ処ス

国際人権規約Ａ規約（経済的、社会的及び文化的権利に関する国際規約、昭和53年条約第6号）

第2条 ② この規約の締約国は、この規約に規定する権利が人種、皮膚の色、性、言語、宗教、政治的意見その他の意見、国民的若しくは社会的出身、財産、出生又は他の地位によるいかなる差別もなしに行使されることを保障することを約束する。

難民条約（難民の地位に関する条約、昭和56年条約21号）

第4章 福祉

第20条 配給 難民は、供給が不足する物資の分配を規制する配給制度であって住民全体に適用されるものが存在する場合には、当該配給制度の適用につき、国民に与えられる待遇と同一の待遇を与えられる。

第21条 住居 締約国は、住居に係る事項が法令の規制を受け又は公の機関の管理の下にある場合には、合法的にその領域内に滞在する難民に対し、住居に関し、できる限り有利な待遇を与えるものとし、いかなる場合にも、同一の事情の下で一般に外国人に対して与える待遇よりも不利でない待遇を与える。

第22条 公の教育 ① 締約国は、難民に対し、初等教育に関し、自国民に与える待遇と同一の待遇を与える。

② 締約国は、難民に対し、初等教育以外の教育、特に、修学の機会、学業に関する証明書、資格証書及び学位であって外国において与えられたものの承認、授業料その他の納付金の減免並びに奨学金の給付に関し、できる限り有利な待遇を与えるものとし、いかなる場合にも、同一の事情の下で一般に外国人に対して与える待遇よりも不利でない待遇を与える。

第23条 公的扶助 締約国は、合法的にその領域内に滞在する難民に対し、公的扶助及び公的援助に関し、自国民に与える待遇と同一の待遇を与える。

第24条 労働法制及び社会保障 ① 締約国は、合法的にその領域内に滞在する難民に対し、次の事項に関し、自国民に与える待遇と同一の待遇を与える。

(a) 報酬（家族手当がその一部を成すときは、これを含む。）、労働時間、時間外労働、有給休暇、家内労働につ

いての制限、雇用についての最低年齢、見習及び訓練、女子及び年少者の労働並びに団体交渉の利益の享受に係る事項であって、法令の規律を受けるもの又は行政機関の管理の下にあるもの

(b) 社会保障（業務災害、職業病、母性、疾病、廃疾、老齢、死亡、失業、家族的責任その他国内法令により社会保障制度の対象とされている給付事由に関する法規）。ただし、次の措置をとることを妨げるものではない。

(i) 当該難民が取得した権利又は取得の過程にあった権利の維持に関し適当な措置をとること。

(ii) 当該難民が居住している当該締約国の国内法令において、公の資金から全額支給される給付の全部又は一部に関し及び通常の年金の受給のために必要な拠出についての条件を満たしていない者に支給される手当に関し、特別の措置を定めること。

② 業務災害又は職業病に起因する難民の死亡について補償を受ける権利は、この権利を取得する者が締約国の領域外に居住していることにより影響を受けない。

③ 締約国は、取得された又は取得の過程にあった社会保障についての権利の維持に関し他の締約国との間で既に締結した協定又は将来締結することのある協定の署名国の国民に適用される条件を難民が満たしている限り、当該協定による利益と同一の利益を当該難民に与える。

④ 締約国は、取得された又は取得の過程にあった社会保障についての権利の

維持に関する協定であって非締約国との間で現在効力を有し又は将来効力を有することのあるものによる利益と同一の利益をできる限り難民に与えることについて好意的配慮を払うものとする。

ポツダム宣言（千九百四十五年七月二十六日米、英、支三国宣言）

⑩ 吾等ハ日本人ヲ民族トシテ奴隷化セントシ又ハ国民トシテ滅亡セシメントスルノ意図ヲ有スルモノニ非サルモ吾等ノ俘虜ヲ虐待セル者ヲ含ム一切ノ戦争犯罪人ニ対シテハ厳重ナル処罰加ヘラルヘシ日本国政府ハ日本国国民ノ間ニ於ケル民主主義的傾向ノ復活強化ニ対スル一切ノ障礙ヲ除去スヘシ言論、宗教及思想ノ自由並ニ基本的人権ノ尊重ハ確立セラルヘシ

（外務省編『日本外交年表並主要文書下巻』）

編著者

西村　裕三（広島大学名誉教授）──はしがき、第1章 - 第4章

　執筆者（執筆順）

岡田　高嘉（県立広島大学教授）──第5章、第8章

井上　一洋（松山大学教授）──第6章

土屋　孝次（近畿大学教授）──第7章、第10章

水鳥　能伸（大阪公立大学教授）──第9章、第11章

西條　潤（近畿大学准教授）──第12章

葛　虹（広島大学・広島修道大学非常勤講師）──第13章

リーガル・マインド入門〔第三版〕

2013年4月24日	初　版　第1刷発行	〔検印省略〕
2019年10月21日	第二版　第1刷発行	
2025年3月31日	第三版　第1刷発行	

編者©西村　裕三／発行者　髙橋　明義　　　　　印刷・製本　亜細亜印刷

東京都文京区本郷1-8-1　振替00160-8-141750
〒113-0033　TEL（03）3813-4511
FAX（03）3813-4514
http://www.yushindo.co.jp/
ISBN 978-4-8420-0545-4

発　行　所

株式会社　有信堂高文社

Printed in Japan

リーガル・マインド入門〔第三版〕	西村裕三編	二二〇〇円
基本法学入門〔新版〕	蓮井良憲編 畑井博行	二〇〇〇円
ヒューマン・ライツ教育 人権問題を「可視化」する大学の授業	ヒューマン・ライツ教育研究会編	二八〇〇円
新・人権はだれのものか	佐瀬一男編 尹龍澤	二〇〇〇円
法 学	松尾浩也編 高橋和之	二六〇〇円
スモールステップで法学入門	熊本大学法学部編	二五〇〇円
人が人を裁くとき——裁判員のための修復的司法入門	N・クリスティ著 平松・寺澤訳	二〇〇〇円

★表示価格は本体価格（税別）

有 信 堂 刊

日本国憲法から考える現代社会・15講　新井信之 著　三〇〇〇円

憲法 五重奏　大津・大藤・高佐　長谷川・江藤 著　近　刊

判例で学ぶ日本国憲法〔第三版〕　西村裕三 編　二五〇〇円

謎解き 日本国憲法〔全訂第3版〕　阪本昌成 編　二二〇〇円

憲法 II 基本権論〔第三版〕　大日方信春 著　四一〇〇円

憲法 I 総論・統治機構論〔第二版〕　大日方信春 著　四一〇〇円

世界の憲法集〔第五版〕　小畑 博行　小森田秋夫 編　三五〇〇円

★表示価格は本体価格（税別）

有信堂刊

国 際 海 洋 法〔第三版〕	島田・古賀・ 佐古田・下山 著	二八〇〇円
新版 国際関係法入門〔第二版〕	櫻井雅夫 岩瀬真央美 著	二五〇〇円
国際環境法講義〔第2版〕	西井 正弘 鶴田 順 編	三〇〇〇円
アジアの平和とガバナンス	広島市立大学 広島平和研究所 編	三〇〇〇円
アジアの平和とガバナンスⅡ	広島市立大学 広島平和研究所 編	三〇〇〇円
国際政治史講義──20世紀国際 政治の軌跡	滝田賢治 著	三〇〇〇円
新版 国際関係学──地球社会を理解 するために	山田 敏教 倉科 一希 和田 洋典 編	三三〇〇円

★表示価格は本体価格（税別）

━━━━ 有 信 堂 刊 ━━━━